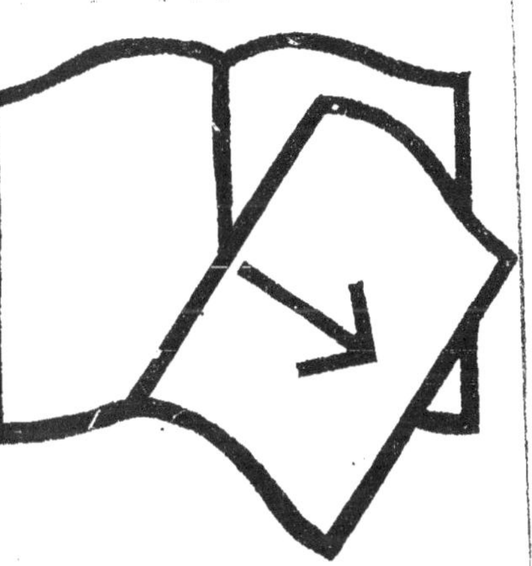

Couverture inférieure manquante

Début d'une série de documents en couleur

ROYAUME D'ITALIE

DOCUMENTS DIPLOMATIQUES

ÉCHANGÉS ENTRE

L'ITALIE ET L'AUTRICHE-HONGRIE

ET PRÉSENTÉS AU

PARLEMENT ITALIEN

(SÉANCE DU 20 MAI 1915)

PAR

S. E. M. SONNINO
MINISTRE DES AFFAIRES ÉTRANGÈRES

PARIS
LIBRAIRIE HACHETTE ET Cie
79, BOULEVARD SAINT-GERMAIN, 79
LONDRES, 18, KING WILLIAM STREET, STRAND

1915

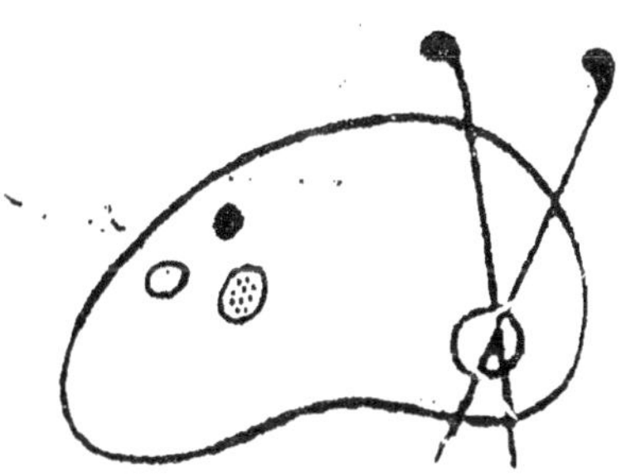

Fin d'une série de documents
en couleur

ROYAUME D'ITALIE

DOCUMENTS DIPLOMATIQUES

ÉCHANGÉS ENTRE

L'ITALIE ET L'AUTRICHE-HONGRIE

ROYAUME D'ITALIE

DOCUMENTS DIPLOMATIQUES

ÉCHANGÉS ENTRE

L'ITALIE ET L'AUTRICHE-HONGRIE

ET PRÉSENTÉS AU

PARLEMENT ITALIEN

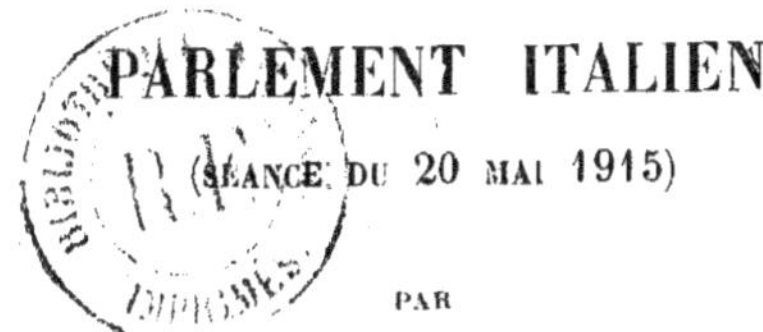

(SÉANCE DU 20 MAI 1915)

PAR

S. E. M. SONNINO
MINISTRE DES AFFAIRES ÉTRANGÈRES

PARIS
LIBRAIRIE HACHETTE ET CIE
79, BOULEVARD SAINT-GERMAIN, 79

1915

TABLE DES MATIÈRES

CORRESPONDANCE DIPLOMATIQUE

ENTRE

L'ITALIE ET L'AUTRICHE-HONGRIE

RELATIVE

A LA GUERRE DE 1915

N° 1.

Le Ministre des Affaires Étrangères, à l'Ambassadeur du Roi, à Vienne.

(Télégramme.) Rome, le 9 décembre 1914.

Je prie votre Excellence de faire la communication verbale suivante au Comte Berchtold :

L'avance militaire actuelle de l'Autriche-Hongrie en Serbie constitue un fait qui ne peut se dérober à un examen de la part des Gouvernements italien et austro-hongrois sur la base des stipulations contenues dans l'article VII du Traité de la Triple-Alliance.

De cet article dérive pour le Gouvernement austro-hongrois, même au cas d'occupations temporaires, l'obligation d'une entente préalable et l'obligation des compensations. C'est pourquoi le Gouvernement Impérial et Royal aurait dû nous aviser et se mettre d'accord avec nous avant de faire franchir par son armée la frontière serbe. A cette occasion, et pour mieux faire ressortir notre attitude, nous devons rappeler au Gouvernement Impérial et Royal que, lors de notre guerre avec la Turquie, il nous empêcha, en s'appuyant précisément sur les dispositions de l'article VII, d'effectuer diverses opérations militaires qui auraient sans doute abrégé cette guerre.

Les opérations navales aux Dardanelles provoquèrent également des réserves formelles de la part du Gouvernement Impérial et Royal. L'Italie attache un intérêt de premier ordre à la conservation de l'intégralité complète et à l'indépendance politique et économique de la Serbie. Bien que le Gouvernement austro-hongrois ait affirmé, à différentes reprises, n'avoir pas l'intention de faire d'acquisitions territoriales au préjudice de la Serbie, une déclaration ainsi formulée ne saurait constituer un engagement durable, et il en est de même pour les assurances que le Gouvernement Impérial et Royal nous donne à l'occasion de l'entrée en guerre de la

Turquie et qui laissent prévoir la possibilité de modifications politiques éventuelles dans la presqu'île des Balkans. D'ailleurs, la seule invasion de la Serbie, quand même ne serait-elle que temporaire, a déjà suffi pour troubler sérieusement l'équilibre de la péninsule balkanique et pour nous donner droit à des compensations.

Il convient aussi de remarquer que la stipulation dudit article VII donne également droit, à l'Italie, à des compensations en cas d'avantages de caractère non territorial que le Gouvernement austro-hongrois obtiendrait dans la région des Balkans. Le Gouvernement italien estime qu'il est nécessaire de procéder sans aucun retard à un échange de vues avec le Gouvernement Impérial et Royal, et, par suite, à une négociation bien définie au sujet d'une situation complexe qui touche de près des intérêts politiques et économiques les plus vitaux de l'Italie. Des indices évidents d'inquiétude sont observés dans le Parlement et dans l'opinion publique italienne qui manifeste clairement la tendance des aspirations nationales italiennes. Le Gouvernement Royal doit tenir compte de cette inquiétude et de ces aspirations. L'entente, sur cette base, que je désire voir s'établir entre les deux Gouvernements, aurait pour résultat d'éliminer à l'avenir tout prétexte à de regrettables incidents, de contestations et de méfiance, aujourd'hui malheureusement si fréquents, et rendrait, par contre, possibles et naturels, entre les deux peuples, ces rapports de cordiale et constante amitié que tous souhaitent et sans lesquels tout arrangement officiel reste forcément paralysé et stérile.

En faisant donc remarquer au Comte Berchtold le caractère amical qui a inspiré cette démarche, Votre Excellence voudra bien le prier de nous faire connaître, avec la promptitude exigée par la situation, la façon de voir du Gouvernement Impérial et Royal.

SONNINO.

N° 2.

Le Ministre des Affaires Étrangères, à l'Ambassadeur du Roi, à Berlin.

(*Télégramme.*) Rome, le 9 décembre 1914.

Je prie Votre Excellence d'informer M. von Jagow de ce que j'ai télégraphié à l'Ambassadeur du Roi à Vienne[1].

Vous voudrez bien exposer à ce Ministre l'état de l'opinion publique italienne et la connexion qui existe en Italie entre la question de politique extérieure et celle de politique intérieure. Le courant qui se manifeste dans une partie de l'opinion publique en faveur de la neutralité ne signifie pas une renonciation aux intérêts italiens dans les Balkans et l'Adriatique, ainsi qu'une renonciation aux aspirations nationales; il signifie, au contraire, la conviction que, tout en maintenant la neutralité, ces intérêts et ces aspirations

1. Voir le Document n° 1.

seront vigoureusement protégés. Que si, par le fait, il devait en être autrement, la réaction dans l'opinion publique serait des plus graves et aurait des effets que le Gouvernement Royal est obligé de prévoir et, si possible, de prévenir.

SONNINO.

N° 3.

L'Ambassadeur du Roi, à Vienne,
au Ministre des Affaires Étrangères.

(*Télégramme.*) Vienne, le 12 décembre 1914.
Reçu le 12.

J'ai fait au Comte Berchtold la communication verbale conformément à l'ordre de Votre Excellence. Il remarqua que l'opération militaire de l'Autriche-Hongrie n'avait pas, jusqu'à présent, abouti à une occupation, fût-elle temporaire, du territoire serbe. Les occupations effectuées à la suite de ces opérations ont été abandonnées le jour suivant ou quelques jours après. En effet, la ville de Valievo, occupée il y a quinze jours, a été évacuée un peu plus tard par suite des opérations de guerre, et il n'y avait pas lieu d'invoquer à ce sujet l'article VII et de demander des compensations pour une semblable occupation momentanée. Je lui parlai alors de l'occupation de Belgrade, qui remontait à plusieurs jours, et où se trouvaient encore des troupes austro-hongroises. A cela le Comte Berchtold répondit que ces troupes seraient peut-être obligées de quitter bientôt la ville. J'ai cru devoir faire remarquer au Comte Berchtold que l'article VII était clair et explicite, puisqu'il parlait simplement d'occupation temporaire et qu'il ne faisait pas de distinction à propos de la nature de la durée de cette occupation. Par conséquent, les occupations quelles qu'elles fussent, réalisées jusqu'à présent par les troupes austro-hongroises depuis le premier jour de leur entrée sur le territoire serbe, étaient évidemment comprises dans les dispositions de cet article qui imposait au Gouvernement Impérial et Royal l'obligation d'une entente préalable avec nous. D'autre part, ainsi que je le lui avais déjà fait remarquer, la seule invasion de la Serbie, quoiqu'elle fût temporaire, nous donnait le droit à des compensations par le fait qu'elle suffisait pour troubler l'équilibre de la péninsule balkanique, garanti par les traités. Comme je lui rappelais l'opposition faite par le Gouvernement Impérial et Royal à nos opérations militaires et navales pendant la guerre italo-turque, à propos desquelles il avait invoqué l'article VII, le Comte Berchtold a remarqué qu'il s'était déclaré peu favorable à ces opérations s'appuyant sur le principe du *statu quo*, base du Traité. Et il a ajouté qu'il n'était pas possible de comparer ces opérations avec celles que le Gouvernement Impérial et Royal faisait actuellement en Serbie. Les premières étaient, par le fait, contraires à l'esprit du Traité, puisque, si elles avaient été réalisées, elles auraient compromis l'existence même de l'Empire Ottoman, tandis que les secondes n'avaient pour seul but que la défense de l'intégrité de la Monarchie menacée par la Serbie, qui visait à lui enlever la Bosnie-Herzégovine. C'est la raison pour laquelle la guerre contre la Serbie n'était pas agressive mais défensive, et le Gouvernement Impérial et Royal se battait actuellement pour le maintien du *statu quo*. J'ai observé que je ne pouvais certes pas admettre que les occupations temporaires de territoires, faites jusqu'à présent par l'Autriche-Hongrie, ne fussent pas en opposition avec l'esprit et la lettre du Traité. Il était, par le fait, évident qu'elles menaçaient l'équilibre de la péninsule balkanique et que, d'autre part, elles venaient détruire l'équilibre des forces qui aurait dû exister entre nous, suivant le Traité. Et à ce propos je lui ai rappelé que, au moment où éclata la guerre, le Gouvernement du Roi avait déclaré à plusieurs reprises au Gouvernement Impérial et Royal qu'il n'aurait jamais pu admettre que l'on amoindrît l'intégrité politique et économique de la Serbie, puisque cela était contraire aux intérêts italiens ainsi qu'à l'esprit du Traité. Le Comte Berchtold répliqua que le Gouvernement impérial et Royal n'avait aucunement l'intention d'anéantir la Serbie. J'ai observé alors que, dès le 25 juillet dernier, j'avais, en son absence, déclaré au Baron Macchio que si l'Autriche-Hongrie avait procédé, sans avoir obtenu au préalable notre consentement, à une occupation territoriale, quand même elle serait temporaire, elle aurait agi en violation de l'article VII du Traité de la Triple-Alliance, et nous aurions fait, alors, toutes nos réserves pour garantir au besoin notre liberté d'action ainsi que nos droits et nos intérêts. Le Gouvernement Royal estimait donc le moment venu de se référer auxdites déclarations, ne pouvant admettre la thèse, soutenue par le Gouvernement Impérial et Royal, que l'Autriche-Hongrie n'avait procédé, jusqu'à ce jour, à aucune occupation même temporaire de territoires serbes. A cela le Comte Berchtold répondit en remarquant qu'il ne comprenait pas que l'on pût invoquer l'article VII à propos d'une occupation temporaire, résultant d'occupations de guerre qui pouvaient être abandonnées d'un jour à l'autre suivant le sort des armes et qui ne pouvaient, en conséquence, former l'objet d'une entente préalable basée sur le principe des compensations. Mais le Gouvernement Impérial et Royal était tout disposé, au cas où il aurait procédé à de véritables occupations, même temporaires, de territoires serbes, à s'entendre avec nous pour la stipulation de l'entente susdite. Malgré ma plus vive insistance afin de convaincre le Comte Berchtold que l'avance des troupes austro-hongroises en Serbie et l'occupation des territoires imposaient au Gouvernement Impérial et Royal l'obligation de procéder avec nous à un accord préalable, basé sur le principe des compensations, il a persisté dans l'opinion qu'il venait d'exprimer et a conclu qu'il ne croyait pas nécessaire, dans le cas actuel, de procéder à un échange de vues avec le Gouvernement Royal.

Avarna.

N° 4.

L'Ambassadeur du Roi, à Vienne,
au Ministre des Affaires Étrangères.

(*Télégramme.*) Vienne, le 13 décembre 1914.
Reçu le 13.

L'argument principal duquel le Comte Berchtold se prévaut pour se soustraire à un entretien avec le Gouvernement Royal, au sujet de la mise à exécution des stipulations de l'article VII du Traité d'alliance se rapportant à l'occupation d'une partie du territoire de la Serbie par les troupes austro-hongroises, consista en ceci que le caractère de cette occupation n'était ni temporaire ni permanent, mais seulement momentané, puisque ce n'était là que la conséquence inévitable et immédiate des opérations militaires et que cette occupation pouvait, par suite des changements qui se produiraient dans la situation militaire de la Serbie, cesser d'un moment à l'autre. Je crois donc utile, à l'appui de notre thèse, d'informer Votre Excellence que la feuille d'ordres de l'armée austro-hongroise public, dans la livraison 342, la nomination du général major Oscar aux fonctions de commandant de la ville de Belgrade.

AVARNA.

N° 5.

L'Ambassadeur du Roi, à Vienne,
au Ministre des Affaires Étrangères.

(*Télégramme.*) Vienne, le 14 décembre 1914.
Reçu le 15.

Il me revient, par voie indirecte, que M. von Tschirsky, à la suite des instructions que lui donna M. von Jagow, aurait réussi à convaincre le Comte Berchtold d'entrer en pourparlers avec le Gouvernement Royal au sujet de l'article VII et à fixer conséquemment les compensations qui nous sont dues au cas d'une occupation militaire ou permanente de la part de l'Autriche-Hongrie dans les Balkans.

AVARNA.

N° 6.

Le Ministre des Affaires Étrangères,
à l'Ambassadeur du Roi, à Vienne.

(*Télégramme.*) Rome, le 16 décembre 1914.

La thèse soutenue par le Comte Berchtold me surprend. J'approuve les réponses faites par Votre Excellence. Nous ne pouvons accepter la distinction, établie par le Comte Berchtold, entre une occupation momentanée et une occupation militaire résultant d'opérations de guerre.

Cette distinction est contraire à l'esprit et à la lettre de l'article VII.

Du fait de l'avance des troupes austro-hongroises en Serbie et de l'occupation de ce territoire, un gouverneur militaire ayant été nommé à Belgrade, il s'ensuit, pour le Gouvernement Impérial et Royal, l'obligation d'un accord avec l'Italie sur la base des compensations.

Nous ne pouvons pas accepter non plus l'argumentation du Comte Berchtold relative au précédent de la guerre de Libye. L'Autriche-Hongrie nous empêcha alors, en se basant sur l'article VII, de réaliser non seulement des occupations temporaires et momentanées, mais aussi de simples opérations de guerre, comme un bombardement, sans occupation. Cette attitude de l'Autriche-Hongrie nous causa alors de très graves dommages, tant au point de vue militaire qu'au point de vue politique, puisqu'elle encouragea la résistance de la Turquie qui se sentait indirectement appuyée et protégée. L'argumentation que pendant la guerre de Libye le *statu quo* était menacé par nous, n'a aucune valeur. L'article VII parle expressément du *statu quo* en Orient et dans la région des Balkans et non dans l'Empire Ottoman proprement dit. Or l'expédition militaire de l'Autriche en Serbie a précisément troublé le *statu quo* et l'équilibre prescrit par l'article VII. Je répète que nous n'avons pas donné à l'article VII l'application prohibitive soutenue par le Gouvernement Impérial et Royal pendant la guerre libyque, mais nous n'avons jamais entendu et nous n'entendons pas renoncer aux droits qui nous sont garantis par ledit article.

Il est bon, à ce propos, de rappeler les termes précis employés par le Gouvernement Impérial et Royal dans ses communications pendant la guerre libyque.

Par le télégramme du 5 novembre 1911, Votre Excellence faisait savoir que le Comte Aerenthal vous aurait déclaré « qu'une action de notre part sur les côtes ottomanes de la Turquie d'Europe ou sur les îles de la mer Égée n'aurait pu être admise ni par l'Autriche ni par l'Allemagne, puisqu'elle était contraire au Traité d'alliance ». Cette déclaration avait été faite à Votre Excellence en conséquence des bruits qui avaient couru et selon lesquels des vaisseaux de guerre italiens auraient fait des projections électriques aux environs de Salonique.

Par son télégramme du 7 novembre 1911, Votre Excellence informait que « le Comte Aerenthal considère les bombardements des ports de la Turquie d'Europe, tels que Salonique, Cavalla, etc., comme allant à l'encontre des dispositions de l'article VII ». Au mois d'avril 1912 (télégramme de Votre Excellence daté du 21 avril), le Comte Berchtold se plaignait vivement de ce que l'escadre italienne, devant les Dardanelles, répondait à la canonnade des forts et les endommageait. A ce propos, le Comte Berchtold déclara à Votre Excellence que « si le Gouvernement Royal désirait reprendre sa liberté d'action, le Gouvernement Impérial et Royal pourrait faire de même. Il ne pourrait admettre que nous procédions à l'avenir à de semblables opérations ou à toute autre action en opposition avec le point de vue manifesté au cours des entretiens précédents. Que si une semblable opération avait été exécutée par nous, elle aurait pu avoir de graves conséquences. »

Votre Excellence ayant fait l'observation que le Gouvernement Royal avait déclaré à plusieurs reprises qu'il ne pouvait admettre qu'on touchât à l'intégrité et à l'indépendance politique et économique de la Serbie, puisque cela était contraire à nos intérêts et aux dispositions du Traité, le Comte Berchtold répondit que le Gouvernement Impérial et Royal n'avait pas du tout l'intention d'«anéantir» la Serbie. Il m'est impossible de considérer cette réponse comme satisfaisante. Entre le maintien de l'intégrité et de l'indépendance politique et économique d'un côté, et l'anéantissement, de l'autre, il y a une grande marge, qui doit précisément être le sujet et la base de négociations et d'accords entre nous et l'Autriche, conformément aux dispositions du Traité. Toute occupation territoriale, même partielle, permanente ou temporaire, ainsi que tout avantage de caractère non territorial et, même, de simple influence politique ou de privilèges économiques, doit faire l'objet d'accords préalables. Il ne suffit donc pas que le Comte Berchtold ait déclaré à Votre Excellence qu'il était disposé à un accord au cas de véritables occupations même temporaires.

Et je regrette que le Comte Berchtold ne croie pas à propos, pour le moment, de procéder avec nous à un échange de vues. Je prie Votre Excellence d'insister auprès de lui, en soutenant notre point de vue. Suivant l'article VII, l'accord doit être préalable et non pas actuel ou consécutif au fait ou aux faits qui occasionnent la négociation ou l'accord même.

Votre Excellence voudra bien prendre note que nous regardons comme gravement préjudiciable à nos intérêts l'éventualité des longues conversations avec Vienne en ce qui concerne l'interprétation d'ensemble de l'article VII, à la veille d'événements qui nous mettraient en présence du fait accompli.

Dans l'entretien que vous aurez avec le Comte Berchtold, veuillez lui confirmer ce que je vous ai communiqué, par mon télégramme du 9 courant, au sujet des tendances que l'on constate dans le Parlement et dans l'opinion publique, et au sujet aussi de la très grande opportunité d'établir, dans l'intérêt commun, sur une base solide et durable de confiance et de constante amitié, les relations entre nos deux Pays.

SONNINO.

N° 7.

L'Ambassadeur du Roi, à Vienne,
au Ministre des Affaires Étrangères.

(*Télégramme.*) Vienne, le 20 décembre 1914.
Reçu le 21.

Je me suis exprimé envers le Comte Berchtold conformément aux instructions de Votre Excellence.

Il m'a informé qu'il était disposé, à partir de ce moment, à entamer un échange de vues avec Votre Excellence à propos de l'article VII, afin d'établir les compensations qui sont dues à l'Italie au cas d'occupations temporaires ou permanentes de l'Autriche-Hongrie dans les Balkans. Il m'a dit ensuite qu'il admettait :

1° Qu'entre le maintien de l'intégrité de l'indépendance de la Serbie et son anéantissement il y a assez de marge pour former le sujet et la base de négociations et d'accords entre nous et l'Autriche-Hongrie, conformément aux dispositions du Traité;

2° Que, conformément aux dispositions du Traité, toute occupation territoriale, même partielle, permanente ou temporaire, ainsi que tout avantage de caractère non territorial et, même, de seule influence politique ou de privilèges économiques, doivent faire l'objet d'accords préalables sur la base de compensations;

3° Que l'accord prévu par l'article VII doit être préalable et non pas actuel ou consécutif au fait ou aux faits qui occasionnent la négociation ou l'accord même.

Enfin, après que j'eus confirmé au Comte Berchtold ce dont je lui avais donné communication lors de la précédente entrevue et dont il est question dans le dernier paragraphe du télégramme de Votre Excellence, le Comte Berchtold a remémoré l'œuvre constante et assidue à laquelle il se consacra pour rendre de plus en plus intimes les relations entre les deux pays. Il y eut, c'est vrai, quelques incidents, — dont certains extrêmement regrettables, tels que ceux des décrets Hohenlohe, — qu'il avait vivement déplorés; mais ils ne pouvaient aucunement relâcher les liens qui unissaient les deux pays. En outre, la question de l'Albanie, malgré les graves vicissitudes qu'elle dut traverser et les difficultés qui s'ensuivirent, avait fait coopérer les deux Gouvernements à une action commune et avait formé la base d'une entente. Il ne pouvait donc que partager l'avis de Votre Excellence sur la suprême opportunité, dans l'intérêt commun des deux Pays, de fixer leurs rapports sur une base de confiance durable et d'amitié constante, ce qui était le but qu'il avait toujours visé.

AVARNA.

N° 8.

Le Ministre des Affaires Etrangères,
aux Ambassadeurs du Roi, à Vienne et à Berlin.

(*Télégramme.*) Rome, le 20 décembre 1914.

J'ai reçu hier, pour la première fois, le Prince de Bülow. Il m'a dit qu'il était venu en Italie avec l'intention de connaître notre mentalité et notre point de vue dans la période actuelle afin de les mieux faire comprendre à Berlin, et de nous mieux expliquer les points de vue de l'Allemagne. Il se proposait de travailler à l'amélioration des bons rapports et des accords entre les deux Pays.

Avant de quitter Berlin, il avait eu connaissance de la démarche que nous avons faite à Vienne, pour obtenir une discussion au sujet de l'article VII du Traité de la Triplice. Il avait dit à Berlin que nous étions dans le vrai et que nous avions toutes les raisons d'exiger cette discussion à propos des compensations qui devraient être consenties lorsque l'Autriche aurait obtenu certains résultats. Et il croyait que cette appréciation de sa part avait aussi fait effet à Vienne.

Je fis remarquer au Prince de Bülow que la situation en Italie pouvait être résumée en quelques mots. La majorité du pays est favorable au maintien de la neutralité et influe dans ce sens sur le Gouvernement, mais avec la présupposition que, grâce à ladite neutralité, il soit possible d'obtenir la réalisation de certaines aspirations nationales. Cette tâche, dont je reconnaissais toutes les difficultés pratiques, était celle que s'était imposée le Gouvernement.

Sa solution pouvait amener des répercussions dangereuses et dépassant le simple sort d'un Ministère, ce qui est bien secondaire. La Monarchie de Savoie prend sa plus grande force du fait qu'elle représente le sentiment national. Et le Prince de Bülow, qui connaît notre pays, n'aurait pas tardé à se rendre compte de la vérité de nos assertions.

Il avait dit un jour au Reichstag que la Triple-Alliance était le meilleur moyen d'empêcher une guerre entre l'Autriche-Hongrie et l'Italie.

A ce sujet, le Prince de Bülow observa qu'il n'avait fait que citer un propos du Comte Nigra, suivant lequel l'Autriche-Hongrie et l'Italie ne pouvaient être qu'alliées ou ennemies. Je lui répondis qu'il y avait dans ledit propos un peu d'exagération et beaucoup de vérité. L'alliance toutefois ne pouvait être ni utile ni féconde si une parfaite cordialité n'existait pas des deux côtés et s'il fallait à chaque instant ergoter sur le texte littéral des pactes signés. Il fallait prévoir l'avenir et y pourvoir, même au delà de la guerre actuelle, et nous devions, en conséquence, donner aux choses une base plus sûre et durable. C'est pourquoi il fallait éloigner toute source de malentendus et de contestations, de façon que les relations futures avec l'Autriche, dont l'existence était également nécessaire dans l'intérêt de l'Italie, pussent devenir aussi cordiales et naturelles que celles existant entre nous et l'Allemagne.

Le Prince de Bülow me remercia pour ma franchise et reconnut la nécessité de travailler dans ce sens. Il souhaitait que les rapports entre l'Allemagne et l'Italie devinssent de plus en plus cordiaux.

Aujourd'hui, j'ai vu d'autre part le Baron Macchio.

Il m'a dit que, ayant dû quitter Vienne à l'improviste, au mois d'août, pour venir à Rome remplacer M. de Merey, il profitait de ces jours fériés pour aller faire une courte visite chez lui. Je lui répondis qu'il me plaisait de penser qu'il pourrait ainsi mieux renseigner le Comte Berchtold sur la situation en Italie et sur nos points de vue; et je l'entretins des démarches que nous avons faites à Vienne relativement à l'application de l'article VII du Traité de la Triple-Alliance. Le Baron Macchio dit qu'il avait eu connaissance de nos démarches et qu'il croyait savoir qu'à présent son Gouvernement se rend compte de l'opportunité d'engager une discussion sur ce thème, sauf à pouvoir mieux préciser et fixer les choses selon la tournure de la guerre. Il remarqua encore une fois que, dans les mouvements des Autrichiens en Serbie, on ne trouvait pas les éléments d'une « occupation temporaire » conformément à l'article VII.

Je répliquai que cela ne me semblait pas exact. On en était arrivé au point de nommer un gouverneur de la ville de Belgrade. Et si l'on comparait l'invasion de la Serbie à ce qui s'était produit lors de la guerre libyque, quand l'Autriche nous imposa son *veto* au bombardement de Salonique et des Dardanelles, il ne pouvait y avoir de doutes sur nos raisons actuelles d'invoquer l'application de l'article VII. Mon désir était de créer une situation qui établirait les rapports entre l'Italie et l'Autriche-Hongrie sur la base d'une plus grande cordialité, de façon à pouvoir éviter les incidents quotidiens qui tendent actuellement à troubler ces rapports et qui s'aggravent du fait de ce même état de méfiance réciproque.

SONNINO.

N° 9.

L'Ambassadeur du Roi, à Berlin,
au Ministre des Affaires Étrangères.

(*Télégramme.*) Berlin, le 6 janvier 1915.
Reçu le 6.

Conformément aux instructions générales que m'a données Votre Excellence, je n'ai manqué aucune occasion d'essayer d'obtenir l'appui du Gouvernement allemand pour les démarches que le Gouvernement Royal a engagées à Vienne, au sujet de l'interprétation de l'article VII du Traité. En ayant parlé encore une fois dans ma conversation d'hier avec M. Zimmermann, il observa que le Prince de Bülow avait rapporté de Rome les mêmes choses dont je l'avais entretenu à plusieurs reprises : c'est-à-dire qu'il serait très difficile pour le Gouvernement Royal, — à moins de satisfaire à certaines aspirations nationales, — de garder cette attitude de neutralité pour laquelle il a le consentement du Parlement et du pays. M. Zimmermann m'assura qu'il se rendait parfaitement compte d'un tel état de choses et qu'il n'avait jamais cessé d'insister pour qu'on s'en rendît également compte à Vienne en en déduisant les conséquences qui s'en dégagent inévitablement. Mais il s'était toujours heurté à un refus dont les motifs lui semblaient justifiables, quoiqu'ils ne fussent peut-être pas basés sur les préceptes d'une politique pratique.

Malgré tout, il continuait ses efforts et n'avait pas perdu tout espoir de réussite. A l'heure actuelle, tous ces cercles dirigeants sont convaincus de la nécessité absolue qu'il y a, pour l'Autriche, de se résigner à quelques sacrifices en faveur de l'Italie, afin d'éviter de pires malheurs.

BOLLATI.

N° 10.

Le Ministre des Affaires Étrangères,
à l'Ambassadeur du Roi, à Vienne.

(*Télégramme.*) Rome, le 7 janvier 1915.

Dans un entretien que j'ai eu hier avec l'Ambassadeur d'Autriche-Hongrie, il me dit avoir remarqué, dans l'opinion publique italienne, une disposition belliqueuse bien plus marquée qu'elle ne l'était lors de son départ pour Vienne en décembre dernier.

Je lui répondis que cela ne me paraissait pas exact et que, depuis deux mois, l'opinion publique, en acceptant la neutralité suivant le programme du Gouvernement, s'était calmée; il fallait, néanmoins, reconnaître franchement que même l'opinion la plus neutraliste partait de la présupposition que, grâce à la neutralité, il était possible de réaliser certaines aspirations nationales, et que c'était précisément dans ce sous-entendu que se trouvait toute la difficulté de la situation.

Cela me ramena à la question des compensations suivant l'article VII du Traité de la Triplice, c'est-à-dire au but de la démarche que j'avais faite à Vienne il y a un mois environ. Le comte Berchtold avait admis, dans les circonstances actuelles, la possibilité pour l'Italie d'invoquer l'article VII du Traité de la Triple-Alliance et, en présence d'une action de l'Empire austro-hongrois tendant à modifier l'équilibre dans les Balkans, l'opportunité d'engager une discussion sur la question des compensations éventuelles à accorder à l'Italie.

La retraite des troupes impériales de la Serbie paraît rendre peut-être moins opportune une semblable discussion, en lui enlevant tout caractère d'urgence, sinon d'actualité, et je ne voulais pas, — en insistant outre mesure, — avoir l'air de « chercher querelle[1] » à l'Autriche-Hongrie.

Et d'ailleurs, les raisons logiques et politiques de traiter la question des compensations gardent toute leur force; il se peut en

1. En français dans le texte.

outre que l'on se trouve à chaque instant en face de la condition de fait d'une attaque de territoire serbe ou d'un autre point des Balkans par les armées impériales.

La raison logique et fondamentale justifiant et réclamant la discussion que j'appelle, se trouve dans le fait de la guerre engagée par l'Empire, avec des visées et une direction absolument opposées aux intérêts les plus évidents de la politique italienne dans la péninsule balkanique.

La raison politique apparaît dans la nécessité qu'il y a, — étant admis que l'on veuille s'assurer l'avenir et rendre utile et féconde une alliance entre les deux États, — de créer une fois pour toutes, entre l'Autriche-Hongrie et l'Italie, une situation susceptible de faire disparaître les différends et les malentendus qui surgissent continuellement entre les deux peuples, en y substituant des rapports de sympathie et de cordialité rendant possible une coopération normale vers des buts communs de politique générale.

Toute alliance non fondée sur l'amitié et qui ne contribuerait pas à fortifier l'amitié, ne peut être que stérile et vaine.

Pour arriver à une situation semblable, lorsqu'il s'agit de discuter la question des compensations visées par l'article VII du Traité de la Triple-Alliance, il faut avoir à la fois le calme et la hardiesse d'aborder posément la question délicate de la possibilité d'une cession de territoires actuellement possédés par l'Empire austro-hongrois.

Le Gouvernement Impérial et Royal est-il disposé à discuter la question en la plaçant sur ce terrain?

Étant neutres, nous ne pouvons actuellement accepter une discussion basée sur des compensations éventuelles concernant des territoires appartenant à d'autres belligérants, puisque cela équivaudrait à nous engager dès lors dans le conflit.

Le Baron Macchio me répondit qu'il admettait l'opportunité de discuter librement de tout cela sans en faire une question de susceptibilité ni d'amour-propre. Il parla incidemment de la possibilité de compensations touchant l'Albanie, si voisine de l'Italie et facilement accessible.

Je lui répondis que dans l'Albanie je ne voyais pour l'Italie qu'un seul intérêt réel : l'intérêt négatif, c'est-à-dire celui d'empêcher qu'une autre Puissance puisse l'occuper; quant au reste, cette région ne nous offrait pas le moindre attrait.

L'Ambassadeur d'Autriche remarqua que tout engagement réciproque devait être fondé sur la maxime du *do ut des*; c'est pourquoi l'Italie devrait également déterminer la part de sa contribution, ou bien, il fallait fixer la part des avantages attribués à l'Autriche-Hongrie une fois la guerre finie et proportionner à cette part celle qui serait attribuée à l'Italie. Quant à l'Autriche-Hongrie, elle n'avait en vue aucun agrandissement territorial au détriment de la Serbie.

Je lui répondis que les avantages pouvaient ne pas être territoriaux seulement et qu'il était possible de s'assurer de nombreux avantages d'influence et de prépondérance politique, économique et morale, qui tous étaient visés par l'article VII.

Quant au *do ut des*, il serait manifeste, même au cas où l'un des contractants laisserait à l'autre pleine liberté d'action moyennant des concessions fixes et précises.

Le Baron Macchio ayant fait, à diverses reprises, l'objection que tout pacte devait être conclu sous réserve du résultat final de la guerre, je lui répondis que si nous voulions véritablement guider l'opinion publique italienne dans un sens favorable aux accords, il fallait avant tout lui faire prévoir un minimum d'avantages tangibles et sûrs et ne dépendant pas d'éventualités incertaines et lointaines. Sans quoi, tout engagement serait condamné à rester sans aucun résultat pratique.

Le Baron Macchio ayant fait allusion à l'extrême difficulté qu'il y avait à discuter de tels sujets, non seulement à cause des questions d'amour-propre et de susceptibilité auxquelles j'avais touché, mais aussi au point de vue des précédents qui en seraient la conséquence dans un Empire constitué ainsi que l'était l'Empire austro-hongrois, je répondis que l'abandon du peu d'Italiens qui restaient encore parmi les sujets autrichiens ne pouvait pas constituer un précédent dangereux pour l'Empire, puisque depuis 1859 et 1866 l'élément italien était tellement limité qu'il lui était impossible de se défendre contre les autres nationalités réunies et d'aspirer, — ainsi que le pouvaient ces nationalités, — à un développement quelconque dans l'orbite de l'Empire. Je lui citai l'exemple de Trieste où, précisément au moment où les rapports entre les deux Etats étaient devenus plus amicaux, la pression des Slaves avait poussé le Gouvernement à des actes hostiles à l'élément italien, malgré le préjudice qui en résultait pour la situation internationale. Il ne restait plus à l'élément italien en Autriche qu'à disparaître, étouffé par les autres nationalités slaves ou germaniques qui l'opprimaient, ou bien qu'à se détacher de l'Empire.

Pour la situation générale et internationale, il semblait être à conseiller, pour l'Empire même, de procéder à l'amputation chirurgicale.

Nous sommes restés d'accord que l'on aurait discuté amicalement toutes ces questions en précisant les idées et les propositions des deux côtés, à Vienne ainsi qu'à Rome.

Sonnino.

N° 11.

Le Ministre des Affaires Étrangères,
aux Ambassadeurs du Roi, à Berlin et à Vienne.

(*Télégramme.*) Rome, le 15 janvier 1915.

A titre de renseignement exclusif pour Votre Excellence, je vous donne communication de quelques-uns de mes récents entretiens.

11 janvier 1915. — *Premier entretien.* — Le Prince de Bülow me fit savoir que l'Allemagne envoie à Vienne le Comte de Wedel, qui fut jadis ambassadeur à Rome et ensuite pendant quelques années

accrédité à Vienne, afin d'engager le Gouvernement autrichien à céder le Trentin à l'Italie.

Le Prince de Bülow remarqua que les difficultés les plus grandes qui se présentent et qu'il s'agit de surmonter sont de deux espèces :

1° De caractère militaire : l'élément militaire opposera des difficultés à la libération, pendant la guerre, de tous les militaires provenant des régions qu'il s'agit de céder. Il dit que les Trentins incorporés dans l'armée impériale se battent bien. Ne serait-il pas possible d'attendre, pour le renvoi de ces soldats, que la paix soit conclue?

2° De caractère dynastique : on ne voudrait pas froisser les susceptibilités de l'Empereur qui porte, entre autres, le titre de Comte-Princier de Tirol. On trouverait un moyen de tourner la difficulté en faisant une cession du territoire de l'ancien Évêché de Trente, qui faisait partie de l'Empire germanique romain et qui fut réuni au Tirol à une époque relativement récente. Mais quelles étaient exactement les frontières de l'Évêché? me demanda le Prince de Bülow.

Je répondis que, en ce qui concerne la question militaire, je ne voyais aucune possibilité de remettre la libération de militaires originaires de provinces cédées, et que, la cession une fois admise, tout retard dans cette libération aurait produit un effet déplorable dans l'opinion publique italienne.

Quant à la question de l'Évêché de Trente, je ne pouvais rien dire pour le moment.

Lors de la formation du premier Royaume Italique Napoléonien, on détacha le Trentin du Tirol, en allant jusqu'à Bolzano[1].

Le Prince de Bülow observa à ce propos que la population de Bolzano était pour la plus grande partie allemande et que toute la vallée de Meran était allemande.

Il me recommanda de faire des recherches pour déterminer les frontières de l'ancienne Principauté ecclésiastique de Trente et, de son côté, il chercherait des renseignements à ce sujet, car il fallait faire tout le possible pour faciliter la tâche du Comte de Wedel.

Le Prince de Bülow s'exprima comme si c'était chose entendue que, si l'Autriche nous offrait le Trentin, contre l'engagement de notre part de garder la neutralité, nous n'aurions plus rien à exiger.

Deuxième entretien. — Dans l'après-midi du même jour, 11 janvier, le Baron Macchio, en me parlant de l'article VII et des compensations éventuelles, amena la conversation sur le sujet de l'Albanie, me disant qu'il ne comprenait pas pourquoi l'Italie n'y attachait plus l'importance qu'elle semblait lui attribuer durant ces dernières années.

Je lui répétai ce que j'avais déjà dit, que nos intérêts en Albanie étaient plutôt négatifs, c'est-à-dire se bornaient à ce qu'aucune autre Puissance ne l'occupât, et que nous n'avions aucun désir d'être pris dans l'engrenage des questions intérieures balkaniques, ni de nous trouver, inévitablement et continuellement, en querelle

1. Bolzen.

avec la Serbie et la Bulgarie. L'Autriche elle-même semblait, d'ailleurs, y attacher moins d'intérêt. J'ajoutai que nous placions la question sur le terrain des compensations visant les provinces désignées par l'opinion populaire nationaliste.

Malgré cela, le Baron Macchio, ne pouvant se résigner à mettre hors de cause l'Albanie comme compensation, insistait en remarquant que l'article VII envisageait uniquement les questions balkaniques.

Je lui répondis qu'il envisageait des modifications dans les Balkans comme pouvant constituer des motifs pour traiter de compensations, mais cela ne voulait pas dire que ces compensations dussent se borner exclusivement aux Balkans.

Le Baron Macchio parla alors de nos armements et de nos concentrations de troupes, dans les provinces près de la frontière autrichienne surtout. Il fit allusion à la neutralité bienveillante que l'on doit garder lorsque l'un des alliés estime ne devoir pas participer avec les autres aux hostilités.

Troisième entretien. — Dans sa visite de ce jour, 14 janvier, le Prince de Bülow me demanda si, — en admettant que l'on aboutisse à une entente à propos du Trentin, — il serait éventuellement possible de ne pas l'annoncer au public ni à la Chambre ; pour cette dernière, le Gouvernement se bornerait à dire qu'il avait de bonnes raisons de penser que les plus grandes aspirations nationales seraient satisfaites.

Je lui dis que c'était absolument impossible, car l'imagination populaire se serait montée de telle sorte que, le jour où elle aurait appris de quoi il s'agissait, il y aurait eu une déception générale et, par suite, une réaction. Mieux aurait donc valu ne rien faire ou ne pas annoncer l'affaire comme étant conclue.

Quant à la forme de la cession en ce qui concerne le Trentin, l'Empereur pouvait fort bien garder, même après cette cession, son titre de Comte-Princier du Tirol, puisque le Trentin fut annexé administrativement au Tirol en 1802 seulement. Il suffisait que, en en faisant la cession, l'on fixât avec précision les frontières, car, pendant son existence, la Principauté ecclésiastique de Trente avait modifié plusieurs fois ses confins.

J'ajoutai que je ne croyais pas que le sentiment populaire italien pourrait se contenter du seul Trentin, et qu'une condition stable de concorde entre l'Autriche et l'Italie aurait été obtenue du jour où la formule irrédentiste de « Trente et Trieste » aurait totalement disparu.

Le Prince de Bülow recommanda de ne pas exagérer les demandes, car l'Autriche préférerait sans doute la guerre à l'obligation de céder Trieste. Et il me démontra toute l'importance que l'on attachait en Autriche à la possession de ce port. Il croyait pouvoir réussir pour le Trentin, mais rien de plus, et il répéta qu'il était de la plus grande importance, pour l'Allemagne comme pour l'Italie, que l'accord fût conclu et la guerre évitée.

SONNINO.

N° 12.

L'Ambassadeur du Roi, à Vienne,
au Ministre des Affaires Étrangères.

(*Télégramme.*) Vienne, le 18 janvier 1915.
Reçu le 18.

Dans la conversation que j'ai eue aujourd'hui avec le Ministre des Affaires Étrangères, je lui ai exposé les arguments développés par Votre Excellence au Baron Macchio, dans l'entretien que vous avez eu avec lui au sujet de l'application de l'article VII.

Le Baron Burian a répondu qu'il tenait à me déclarer une fois encore que l'Autriche-Hongrie, au cas où elle aurait procédé à une véritable occupation temporaire, était toute disposée à accorder à l'Italie les compensations auxquelles celle-ci avait droit.

Il a remarqué ensuite qu'il ne comprenait pas comment il était possible d'affirmer que l'Autriche-Hongrie avait engagé la guerre actuelle avec un but et une direction en opposition avec les intérêts de la politique italienne dans la péninsule balkanique; le but que visait l'Autriche-Hongrie en déclarant la guerre à la Serbie était de protéger les intérêts de la Monarchie et, par conséquent, le maintien du *statu quo* menacé par cette Puissance.

Ainsi que le Gouvernement Impérial et Royal l'a déclaré à plusieurs reprises, la guerre avait donc un caractère défensif, et non agressif.

J'ai fait remarquer au Baron Burian que nous étions intéressés au maintien de l'indépendance politique et économique de la Serbie et de l'équilibre de la péninsule balkanique.

Il était évident que cette indépendance et cet équilibre étaient gravement compromis par la guerre actuelle que nous ne pouvions considérer, par conséquent, que comme contraire à nos intérêts dans les Balkans.

Le Baron Burian ayant dit que l'Autriche-Hongrie ne songeait aucunement à modifier le *statu quo* dans les Balkans, ni à augmenter la population serbe de la Monarchie, je remarquai que l'indépendance de la Serbie et l'équilibre dans les Balkans pouvaient être menacés non seulement par des acquisitions territoriales de l'Autriche dans ce Royaume ou ailleurs, mais aussi par toute sorte d'avantages d'influence et de prépondérance politique, ainsi que par des avantages économiques ou moraux ou de toute autre nature que l'Autriche obtiendrait, et que tout cela était prévu dans l'article VII du Traité.

Le Baron Burian me dit ensuite qu'il était tout prêt à coopérer avec Votre Excellence dans le but de faire disparaître les contestations et les malentendus surgissant continuellement entre les deux Pays et pour assurer leurs rapports sur des bases de sympathie et d'amitié. Il ajouta qu'il était prêt à souscrire à tout ce que vous avez dit au Baron Macchio à propos de la stérilité et de l'inutilité d'une alliance que l'amitié ne vivifierait pas.

Me parlant ensuite de l'éventualité d'une cession de territoires appartenant actuellement à la Monarchie, il exprima sa surprise de voir placer la question sur un terrain si délicat, puisque ces territoires étaient regardés comme « erbland [1] ». Et il ajouta, — en faisant ressortir les grosses difficultés résultant d'une semblable question, — que si la demande formulée par l'Italie devait être portée à la connaissance du public, elle n'aurait pas manqué de provoquer l'opposition la plus vive dans toutes les régions de la Monarchie. Je lui fis observer qu'une demande à laquelle il avait fait allusion ne me semblait pas devoir empêcher une discussion amicale de la question, en prenant comme point de départ la supposition que cette condition préjudicielle aurait pu être éliminée dans la suite.

Le Baron Burian ayant remarqué que la cession de territoires requise par nous aurait pu constituer un précédent dans une Monarchie telle que la Monarchie austro-hongroise, je lui ai démontré que l'abandon de quelques Italiens sujets de l'Autriche ne pouvait pas constituer un précédent dangereux pour la Monarchie, et, à ce propos, je lui ai opposé les arguments que Votre Excellence avait développés au Baron Macchio. Parlant ensuite de notre occupation des îles du Dodécanèse et de Valona, le Baron Burian observa que pour ces occupations on aurait pu invoquer l'article VII du Traité, et il fit allusion à une expansion ultérieure de notre part à la suite de l'occupation de Valona.

J'ai répondu que je ne croyais pas à la possibilité d'invoquer ledit article VII pour cette occupation. Il était notoire comment l'occupation du Dodécanèse avait eu lieu. Quant à celle de Valona, elle avait été motivée par l'état de désordre dans lequel se trouvait l'Albanie, et elle ne visait qu'à assurer les délibérations de la réunion de Londres, l'Italie étant la seule Puissance qui ne fût pas engagée dans la guerre.

Les efforts du Gouvernement Royal n'avaient, d'ailleurs, d'autre but — pour le moment et autant que possible — que le maintien du *statu quo* en Albanie, en attendant les résolutions définitives qu'adoptera l'Europe à la fin de la guerre.

J'ajoutai que nous n'avions en Albanie qu'un intérêt négatif, c'est-à-dire celui d'empêcher qu'une autre Puissance pût l'occuper, et que cette région ne nous offrait pas le moindre attrait. Nous n'avions nul désir d'être pris forcément dans l'engrenage des questions intérieures balkaniques et de nous trouver continuellement en conflit avec la Serbie ou avec toute autre Puissance balkanique. Je ne doutais pas que le Baron Macchio ne lui eût fait connaître quelle était la situation réelle en Italie. La majorité du pays voulait la neutralité et était décidée à appuyer le Gouvernement, mais avec la présupposition d'obtenir quelques satisfactions en ce qui concerne les aspirations nationales.

Il ne fallait pas oublier que, chez nous, la Monarchie trouvait sa force particulièrement dans ce fait qu'elle représente le sentiment national. C'est pourquoi le Gouvernement Royal avait posé la question des compensations au sujet des régions vers lesquelles se tour-

1. *Pays héréditaires.* (En allemand dans le texte.)

nait le sentiment populaire, afin de pouvoir prendre et tenir les engagements diplomatiques éventuels. J'ai rappelé ensuite au Baron Burian ce qu'il m'avait déclaré lors de ma première visite, c'est-à-dire qu'il n'aurait pas manqué de s'employer pour que l'Alliance puisse subsister aussi à l'avenir. Mais pour obtenir ce résultat, il fallait donner à l'Alliance, ainsi que je l'avais fait remarquer, ce qui lui manquait actuellement : c'est-à-dire une parfaite cordialité réciproque, et qu'il convenait de mettre les choses sur une base sûre et constante, ce que Votre Excellence avait en vue en plaçant la question des compensations sur le terrain que j'avais indiqué. A quoi le Baron Burian répondit qu'il reconnaissait que l'intention était amicale et il en savait gré à Votre Excellence, mais qu'il ne pouvait que me rappeler ce qu'il m'avait dit à ce sujet.

Pour finir, le Baron Burian observa qu'il ne comprenait pas comment l'Italie, en sa qualité de Puissance neutre, ne pouvait accepter une discussion sur les compensations concernant des territoires possédés par d'autres États belligérants, tandis qu'elle demandait, à titre de compensation, la cession de territoires appartenant à l'Autriche-Hongrie, qui était pourtant un État belligérant. Il ne lui semblait pas possible qu'on demandât à l'Autriche-Hongrie ce qu'on ne croyait pas devoir demander aux autres Puissances également belligérantes. Il m'a donc sollicité de prier Votre Excellence de mieux expliquer ses idées à cet égard.

Le Baron Burian a conclu en disant qu'il étudierait plus à fond la question dont je l'avais entretenu et qu'il consulterait plus attentivement les termes de l'article VII du Traité, qu'il n'avait pas présents, et qu'il était disposé à discuter amicalement avec moi cette question en examinant les idées et les propositions que l'on aurait émises à cet égard.

Avarna.

N° 13.

L'Ambassadeur du Roi, à Berlin,
au Ministre des Affaires Etrangères.

(*Télégramme.*) Berlin, le 22 janvier 1915.
Reçu le 22.

Le Chancelier, étant venu pour deux jours à Berlin, a exprimé le désir de me voir, et j'ai eu hier un entretien avec lui. Il m'a dit qu'il était au courant des échanges de vues engagés entre le Gouvernement Royal et le Gouvernement austro-hongrois et qu'il souhaitait vivement qu'ils pussent amener un résultat satisfaisant pour les deux Gouvernements dans l'intérêt du maintien et du raffermissement des bons rapports entre les deux Puissances qui représentent un pivot de la politique du Gouvernement allemand. C'est pourquoi le Gouvernement allemand avait appuyé et continuera à appuyer avec toute insistance nos démarches à Vienne; mais il faut, ajouta-t-il, que le Gouvernement Royal y mette aussi du sien pour faciliter la tâche en conduisant les pourparlers avec la prudence et la mesure qu'exige la nature particulièrement délicate de la question dont il s'agit.

BOLLATI.

N° 14.

Le Ministre des Affaires Étrangères, à l'Ambassadeur du Roi, à Vienne.

(*Télégramme.*) Rome, le 23 janvier 1915.

A propos des plus amples éclaircissements que le Baron Burian vous demanda, le 18 de ce mois, au sujet de l'Italie, qui, en sa qualité de Puissance neutre, ne peut accepter une discussion sur les compensations concernant des territoires possédés par un tiers belligérant, et à propos de la remarque du Baron Burian que l'Autriche-Hongrie est aussi un Etat belligérant, il me semble presque superflu d'expliquer que nous demandons à l'Autriche-Hongrie la cession des territoires dont elle est en possession, tandis que le Gouvernement Impérial et Royal voudrait discuter la cession de territoires actuellement possédés par un sien adversaire, ce en quoi consiste toute la différence.

Qu'il soit belligérant ou non, tout État peut donner une chose lui appartenant à un neutre, ou l'échanger avec lui, sans que l'acceptation de la part de ce dernier puisse constituer la moindre violation de la neutralité, sauf au cas (qui ne se présente pas actuellement) où la chose transférée serait l'objet même de la contestation entre le donateur et les tiers. Lorsqu'il s'agit de donner un territoire que l'État cédant ne possède pas, mais qui appartient à un sien adversaire belligérant, il en va tout autrement. Dans ce cas, l'acceptation, de la part d'un État neutre, d'une semblable offre de territoire en guise de compensation pour une action quelconque, apparaîtrait évidemment comme un acte hostile envers le propriétaire actuel de ce territoire.

Aujourd'hui, on annonce de toutes parts une nouvelle expédition militaire austro-hongroise contre la Serbie. Une semblable expédition aurait pour résultat de troubler la condition politique des Balkans où elle avantagerait, d'un côté, l'influence et les intérêts de l'Empire austro-hongrois, tandis que, de l'autre, elle mettrait en danger la Serbie, à la conservation de la pleine indépendance politique et économique de laquelle l'Italie attache un intérêt de tout premier ordre.

Dans ces conditions, il est bon d'appeler aujourd'hui l'attention du Gouvernement Impérial et Royal sur l'importance spéciale et sur l'urgence d'une discussion préliminaire au sujet des compensations à stipuler pour l'Italie conformément à l'article VII du Traité de la Triple-Alliance.

Je prie Votre Excellence de parler de tout ce qui précède au

Baron Burian, dès qu'il sera revenu à Vienne, et de me télégraphier.

SONNINO.

N° 15.

Le Ministre des Affaires Étrangères,
aux Ambassadeurs du Roi, à Vienne et à Berlin.

(*Télégramme.*) Rome, le 26 janvier 1915.

Le Prince de Bülow m'a dit aujourd'hui qu'il sera impossible d'aboutir à une conclusion pratique des négociations avec l'Autriche-Hongrie, relativement à l'application de l'article VII du Traité, si le Gouvernement italien ne précise pas ce qu'il demande, étant donné que le Gouvernement austro-hongrois craint que, en concédant quelque chose, cela ne fasse que multiplier les exigences, la situation devenant une véritable « Schraube ohne Ende »[1].

Il nous recommande une fois encore de ne pas trop exiger.

Je répondis que, aussi longtemps que le Gouvernement de Vienne n'acceptera pas explicitement et nettement de porter la discussion sur le terrain de la cession de territoires actuellement possédés par l'Empire, il est impossible de prétendre que nous précisions la qualité et la quantité de nos demandes. Jusqu'à présent on a toujours répondu de Vienne d'une manière générale et vague en opposant des questions préjudicielles et de principe.

Que l'on déclare, à Vienne, accepter le terrain de la discussion et je pourrai alors consulter mes collègues pour formuler des demandes précises.

J'ajoutai que j'étais suffisamment découragé à propos de la marche des choses. La presse officieuse de Vienne (par exemple le *Tagblatt* et la *Wiener Allgemeine Zeitung*) fait des déclarations intempestives en excluant toute possibilité de cessions de territoires appartenant actuellement à l'Empire. Cela ne peut que rendre difficile toute concession éventuelle à venir.

Ce pendant, les nouvelles de concentration de troupes austro-allemandes sur les frontières de la Roumanie et de la Serbie, — pour une attaque de l'une ou de l'autre, — sont l'indice d'un nouveau danger qui nous menace et qui provoque en Italie un grand mouvement de l'opinion publique en faveur de notre entrée en campagne.

J'ai fait de mon mieux pour calmer les esprits et pour modérer les désirs et les espoirs, et pour recommander la confiance dans l'action diplomatique, mais je suis malheureusement convaincu, — tandis qu'à l'intérieur j'assume de cette façon, de jour en jour, les plus graves responsabilités politiques, — que tout effort à l'étranger n'aboutira à aucun résultat pratique et, malgré l'indiscutable bonne volonté du Prince de Bülow et du Gouvernement

1. Traduction littérale : *vis sans fin*. (En allemand dans le texte.)

allemand, nous serons en fin de compte complètement « bernés[1] » par l'Autriche-Hongrie.

SONNINO.

N° 16.

L'Ambassadeur du Roi, à Vienne au Ministre des Affaires Étrangères.

(*Télégramme.*) Vienne, le 28 janvier 1915.
Reçu le 29.

J'ai communiqué au Baron Burian les éclaircissements qu'il avait demandés à propos du refus, de la part du Gouvernement Royal, d'accepter une discussion sur la base de compensations éventuelles concernant des territoires possédés par d'autres belligérants. En remarquant l'expression « offre de territoires » contenue dans le télégramme de Votre Excellence, le Baron Burian m'a dit que, suivant l'article VII du Traité, les compensations devaient être offertes par le contractant qui aurait obtenu des avantages, mais que c'était l'autre qui avait le droit de formuler ses demandes à cet égard. L'Autriche-Hongrie, par conséquent, n'avait pas à offrir à l'Italie les compensations auxquelles elle avait droit, mais c'était, par contre, l'Italie qui devait faire connaître ses requêtes.

J'ai fait remarquer, avant tout, au Baron Burian qu'il ne me semblait pas que Votre Excellence eût voulu, en s'exprimant ainsi, faire allusion à l'article VII, lequel parlait d'ailleurs d'une entente préalable qui devait intervenir entre les deux contractants et avoir pour base le principe de la compensation réciproque. J'ajoutai que le Gouvernement Royal avait déjà communiqué au Gouvernement Impérial et Royal ses demandes relativement aux compensations. Après avoir constaté qu'à la suite de l'examen de l'article VII il avait pu se convaincre de l'exactitude de l'observation que j'avais faite dans le précédent entretien au sujet des compensations, qui n'auraient pas dû être cherchées dans la région des Balkans, le Baron Burian observa que cette question des compensations avait été portée par nous sur un terrain fort délicat et que nous-mêmes devions reconnaître que cela soulevait de graves difficultés. C'est pourquoi il se demandait pour quelle raison l'Italie n'avait pas cherché ailleurs les compensations qui font l'objet des pourparlers.

Je répondis que le Gouvernement Royal devait tenir compte des aspirations nationales qui se manifestaient chez nous, ainsi que je le lui avais dit dans la conversation précédente, et qui avaient fait porter la question des compensations sur les régions que visait le sentiment populaire. Le Baron Burian observa ensuite qu'il n'était pas possible de parler de compensations pour l'Italie, puisque l'Autriche-Hongrie n'avait pas encore obtenu un avantage ou une

1. En français dans le texte.

acquisition quelconque, et que d'ailleurs elle n'avait nullement l'intention d'en chercher.

J'ai ajouté qu'il était nécessaire, pour assurer le maintien des engagements pris à notre égard par le Gouvernement Impérial et Royal, de se mettre d'accord, pendant qu'il en était temps, sur la manière de les maintenir, puisque les événements pourraient nous faire trouver devant des faits accomplis. Je lui ai rappelé à ce propos que, suivant l'article VII, l'accord devait être préalable et non contemporain ou consécutif aux faits qui l'auraient occasionné.

Et comme le Baron Burian continuait à s'exprimer avec moi ainsi qu'il l'avait fait pendant les entretiens précédents, d'une manière générale et vague, m'opposant des objections préjudicielles et de principe, sans entrer à fond dans la question des compensations, j'ai cru devoir lui faire remarquer qu'il était nécessaire qu'il fît connaître d'une manière explicite s'il était prêt à accepter que cette question fût portée sur le terrain de la cession de territoires appartenant à la Monarchie, car il n'était pas opportun de prolonger nos conversations sans aboutir à un résultat pratique et positif avant que les événements mûrissent.

Le Baron Burian me répéta que la question des compensations, telle qu'elle avait été formulée par nous, était d'une extrême difficulté, car nous demandions ainsi au Gouvernement Impérial et Royal l'abandon d'une partie de la Monarchie. Il la discutait actuellement en son « for intérieur[1] » et elle formait l'objet de ses plus sérieuses réflexions en vue d'une solution satisfaisante. Il n'avait toutefois pas encore trouvé un moyen de la définir, il se débattait entre les difficultés extérieures et surtout les difficultés intérieures auxquelles se heurtait cette solution. La question devait être examinée non seulement par lui, mais aussi par les divers hommes d'Etat responsables de l'Autriche et de la Hongrie, puisqu'elle intéressait les deux parties de la Monarchie. Il ajouta qu'il admettait le principe de la compensation réclamée en vertu de l'article VII du Traité de la Triple-Alliance. Il acceptait également, en principe, notre demande de compensations et il était disposé à l'examiner et à la discuter, mais il n'était pas encore prêt à me déclarer qu'il pouvait adopter notre point de vue qui considère que la question des compensations doit être portée sur le terrain de la cession de territoires appartenant actuellement à la Monarchie. Il convenait que le Gouvernement Royal fût convaincu de l'importance du sacrifice qu'aurait dû faire l'Autriche-Hongrie.

Il a remarqué que notre demande exigeait un sérieux examen de conscience, à cause des graves conséquences qui pourraient s'ensuivre en Autriche-Hongrie au point de vue politique intérieure et extérieure et qui devaient être évitées à tout prix. C'est pourquoi il fallait lui laisser, ainsi qu'aux hommes d'État compétents autrichiens et hongrois, le temps nécessaire pour réfléchir et décider.

Il ne voulait certes pas augmenter les embarras du Gouvernement Royal, mais celui-ci devait comprendre, de son côté, les embarras au milieu desquels se trouvait le Gouvernement Impérial et Royal,

1. En français dans le texte.

et il devait éviter de contribuer à les augmenter. A ce propos, le Baron Burian m'a informé que dans les entretiens qu'il avait eus avec le Chancelier de l'Empire et MM. de Jagow et Zimmermann, il leur avait exposé les graves difficultés provoquées par la question des compensations, étant donné le terrain délicat sur lequel l'Italie l'avait placée, et qui avait imposé au Gouvernement Impérial et Royal l'obligation de l'examiner sérieusement avec toute la pondération nécessaire, avant de la définir. Le Gouvernement allemand était pleinement convaincu de ces difficultés et lui avait promis de les signaler au Gouvernement Royal en lui recommandant la mesure et la prudence qu'on lui avait, à lui-même, recommandée.

Enfin, le Baron Burian m'a fait savoir que le Gouvernement allemand était décidé de s'employer à ce que l'on puisse, à ce sujet, aboutir à un accord entre l'Autriche-Hongrie et l'Italie, et qu'il n'avait pas perdu l'espoir d'y réussir. L'Allemagne et l'Autriche-Hongrie ne formaient désormais qu'une seule personne et ces deux Puissances souhaitaient que l'Alliance avec l'Italie pût subsister dans l'avenir, ce qui était aussi son plus ardent désir.

Mais les deux Gouvernements autrichien et hongrois semblent, pour le moment, hésiter devant nos aspirations, ainsi qu'il appert du langage même du Baron Burian, et cela à cause des conséquences que pourrait avoir pour la Monarchie entière la cession de territoires appartenant à l'Autriche.

AVARNA.

N° 17.

Le Ministre des Affaires Étrangères,
à l'Ambassadeur du Roi, à Berlin.

(*Télégramme.*) Rome, le 2 février 1915.

Dans l'entretien hebdomadaire d'hier, le Prince de Bülow m'a demandé s'il y avait du nouveau au sujet du Baron Burian et de ses conversations avec le Duc Avarna.

Je lui lus la plus grande partie du dernier télégramme du Duc Avarna. Je fis ensuite la remarque que tout cela était fort décourageant pour qui souhaitait un accord, étant donné que le Baron Burian, — après avoir accepté le portefeuille sinon précisément à cause de cette question, du moins après en avoir eu pleine connaissance et après avoir fait une visite au Quartier-Général allemand et avoir entretenu l'Empereur Guillaume et le Gouvernement allemand de cette question, — n'avait aujourd'hui rien à nous dire, sinon qu'il avait besoin de l'examiner encore avec calme.

En réponse à ses interrogations, j'ai répété au Prince de Bülow que je présenterai nos demandes seulement quand nous saurons si l'Autriche-Hongrie accepte que la question soit portée sur le terrain de la cession de territoires actuellement en possession de la Monarchie et que, jusque-là, je ne préciserai ni ne me prononcerai, soit à l'égard du Trentin, soit à l'égard de Trieste ou de l'Istrie ou d'autre chose. Je le priai aussi de recommander aux intéressés de vouloir bien se décider sans retard, car plus on attend et plus la chose devient difficile et plus croîtront les exigences.

SONNINO.

N° 18.

Le Ministre des Affaires Étrangères,
à l'Ambassadeur du Roi, à Vienne.

(*Télégramme.*) Rome, le 4 février 1915.

Le Baron Macchio étant venu me voir pour d'autres affaires, j'ai amené la conversation sur l'entretien que Votre Excellence a eu avec le Baron Burian après son retour de Berlin, — entretien duquel il ressort que tout continue à être incertain et embarrassé — au sujet des compensations dont il s'agit dans l'article VII du Traité de la Triplice. Et j'ai profité de la circonstance pour répéter ce que j'avais dit au Prince de Bülow (voir mon télégramme du 2 février), c'est-à-dire qu'au reproche que l'on nous adresse de ne pas préciser nos demandes, nous devions répondre qu'il nous était impossible de rien préciser aussi longtemps qu'il ne serait pas manifeste que le Gouvernement austro-hongrois acceptait comme terrain de discussion l'éventualité d'une cession de territoires appartenant à la Monarchie, mais que nous le ferions dès que ce terrain serait accepté.

SONNINO.

N° 19.

Le Ministre des Affaires Étrangères,
à l'Ambassadeur du Roi, à Vienne

(*Télégramme.*) Rome, le 7 février 1915.

Ainsi qu'il résulte du télégramme de Votre Excellence daté du 28 janvier dernier, Votre Excellence a fait remarquer au Baron Burian l'opportunité de ne pas prolonger indéfiniment les pourparlers italo-autrichiens au sujet des compensations, prévues par l'article VII du Traité de la Triple-Alliance, sans aboutir à un résultat pratique et positif avant que les événements mûrissent.

Je suis donc surpris que dix jours se soient écoulés sans que j'aie reçu aucun renseignement nouveau à ce sujet ni de la part du Baron Macchio, ni de la part de Votre Excellence.

Je vous prie d'entretenir à nouveau le Baron Burian en lui faisant remarquer l'urgence et la nécessité d'obtenir bientôt une réponse sur la question de principe, relativement aux territoires actuellement en possession de l'Autriche-Hongrie et sur laquelle nous avons demandé que soit portée la discussion.

SONNINO.

Nº 20.

L'Ambassadeur du Roi, à Vienne,
au Ministre des Affaires Étrangères.

(*Télégramme.*) Vienne, le 9 février 1915.
Reçu le 10.

En rappelant au Baron Burian ce que je lui avais exposé dans l'entretien du 28 janvier dernier, je me suis exprimé à son égard dans le sens des instructions communiquées par Votre Excellence. Le Baron Burian m'a répété ce qu'il m'avait dit dans le dernier entretien, que la question était de la compétence des deux Gouvernements de la Monarchie : en premier lieu du Gouvernement autrichien qui y était directement intéressé, et, en second lieu, du Gouvernement hongrois. En conséquence, et afin de couvrir sa propre responsabilité, il devait s'entendre avec ces deux Gouvernements. Il avait déjà entamé un échange de vues à ce sujet avec le Gouvernement autrichien. Le Comte Stürgck, Président du Conseil des Ministres, lui avait fait connaître qu'il n'était pas favorable à nos demandes et qu'il ne trouvait point justifiées les raisons que nous faisions valoir pour demander la cession de territoires appartenant à l'Autriche-Hongrie. Le Comte Stürgck s'était montré très intransigeant sur la question, mais avait déclaré qu'il allait la soumettre au Conseil des Ministres, afin que nos demandes soient examinées et discutées. Quant au Gouvernement hongrois, le Baron Burian m'a dit que, pendant le séjour à Vienne du Comte Tisza, il n'avait pu, le temps lui manquant, que lui toucher quelques mots en passant au sujet de nos demandes auxquelles il s'était montré peu favorable. C'est pourquoi il s'est promis d'aller quelque jour à Budapest pour s'aboucher avec le Gouvernement hongrois, dans le but de discuter longuement et posément la question avec le Comte Tisza; il me ferait connaître ensuite ses dispositions à cet égard. J'ai fait remarquer au Baron Burian qu'il convenait de se hâter pour résoudre la question de principe, étant donnée l'imminence de la réouverture de la Chambre. Ce retard n'était certes pas encourageant pour qui désirait aboutir à un accord. Il ne pouvait faire naître que des incertitudes au sujet des dispositions du Gouvernement Impérial et créer, — à cause des agitations et des manifestations que cela aurait pu occasionner, — une situation très difficile au Gouvernement Royal, qui n'aurait rien eu de concret et de positif à opposer afin de satisfaire aux aspirations nationales. Il fallait donc que le Gouvernement Impérial et Royal mît un terme à une semblable incertitude en nous faisant connaître sa réponse au plus tôt et sans détours, afin de pouvoir entamer l'échange de vues qui en serait la conséquence.

Le Baron Burian me répondit qu'il s'employait et qu'il se serait employé activement en faveur de l'examen et de la discussion de la question avec les deux Gouvernements, mais il a observé qu'il fallait une force de persuasion peu commune pour l'amener à admettre la façon de voir du Gouvernement Royal. Il a remarqué ensuite qu'il n'était pas aussi facile qu'on le croyait de faire accepter la discussion de la question, telle que le Gouvernement Royal l'avait présentée, car elle constituerait, — à son avis, — de la part du Gouvernement Impérial et Royal, envers nous, l'engagement d'écouter nos propositions. Et il a conclu en disant qu'il ne lui était pas encore possible de les écouter, car elles formaient toujours l'objet de « pourparlers[1] » avec les Gouvernements autrichien et hongrois.

Le Baron Burian m'a dit ensuite qu'il désirait amener notre conversation sur un autre terrain. En rappelant les raisons logiques et politiques dont il est question dans le télégramme de Votre Excellence du 7 janvier, il a observé qu'il s'associait entièrement à ce qu'affirmait Votre Excellence relativement aux raisons politiques qui conseillaient de créer entre l'Autriche-Hongrie et l'Italie une situation capable d'éliminer les différends et les malentendus continuels surgissant entre les deux pays et à établir leurs relations réciproques sur une base de sympathie et de cordialité. Il a ajouté qu'il était partisan à outrance de la Triple-Alliance. Et, faisant allusion à l'article VII du Traité de la Triple-Alliance, il a remarqué que, par suite d'un nouvel et attentif examen de cet article et des autres documents se référant à nos occupations temporaires de Valona et du Dodécanèse, il avait pu se convaincre que ces occupations imposaient à l'Italie l'obligation d'un accord préalable avec l'Autriche-Hongrie fondé sur le principe des compensations.

J'ai cru devoir rappeler au Baron Burian ce que je lui avais déjà fait connaître dans l'entrevue du 17 janvier : qu'il ne me semblait pas que l'on pût invoquer l'article VII au sujet de ces occupations. L'occupation de Valona était motivée par l'état général de désordre qui régnait alors en Albanie et avait pour but de sauvegarder les délibérations de la conférence de Londres, l'Italie étant la seule Puissance qui n'était pas engagée dans le conflit. D'ailleurs, les efforts du Gouvernement Royal tendaient à maintenir, pour l'instant et autant que possible, le *statu quo* en Albanie, en attendant les décisions que, à la fin de la guerre, l'Europe prendra à cet égard.

Quant à l'occupation du Dodécanèse, il est notoire de quelle manière elle se produisit. Or, si le Gouvernement Royal ne les a pas encore abandonnées, c'est uniquement parce que la Turquie n'avait pas rempli les engagements résultant du Traité de Lausanne et y avait même manqué, étant donné que de nombreux officiers et soldats appartenant à l'armée ottomane se trouvaient encore en Libye.

Comme j'observais que ces îles, si mes souvenirs étaient exacts, se trouvent d'ailleurs dans la Méditerranée, le Baron Burian remarqua que huit d'entre elles se trouvent dans la mer Égée et que, par conséquent, elles étaient visées par l'article VII. Il ajouta que mes objections ne changeaient en rien le fond de son affirmation, pleinement justifiée par les stipulations de l'article VII, qui accordaient au Gouvernement Impérial et Royal, à propos de ces occupations, un droit précis et absolu à un accord préalable, basé

1. En français dans le texte.

sur le principe des compensations. L'article VII, du reste, ne faisait nulle restriction ni aucune distinction entre l'occupation temporaire et l'occupation permanente. Son texte était explicite et ne permettait pas de mettre en doute que nos occupations tombaient sous le coup des dispositions prévues. Il ajouta que notre occupation de Valona avait acquis plus d'importance par suite de l'envoi de nouvelles troupes, ainsi que par les mesures prises par nos autorités qui s'y étaient installées. Il me parla ensuite de la discussion survenue avec le Comte Berchtold au sujet de la distinction entre une occupation temporaire et une occupation momentanée. Le Baron Burian me dit qu'une occupation quelconque faite par le Gouvernement Impérial et Royal en Serbie, à la suite d'une opération militaire de la part des troupes austro-hongroises, nous donnerait le droit de parler de compensations, conformément aux dispositions de l'article VII.

J'ai répondu au Baron Burian que je prenais acte de cette déclaration par laquelle il abandonnait la thèse du Comte Berchtold qui établissait une distinction entre l'occupation temporaire et l'occupation momentanée, et qu'il reconnaissait, par là, l'exactitude de notre interprétation de l'article VII. Le Baron Burian a conclu en me disant qu'il avait cru devoir présenter, avec nos demandes de compensations, les deux contre-propositions de compensations susmentionnées, qui n'avaient certes pas pour but d'empêcher la discussion de celles que nous avions présentées. Mais il lui avait semblé opportun de choisir ce moment pour les formuler afin de couper court à toute question pendante entre nous et pour déblayer le terrain de tout ce qui, à l'avenir, aurait pu faire naître un dissentiment quelconque. Il a ajouté qu'il croyait bon d'insister spécialement sur ce point, et il m'a prévenu qu'il ne fallait donc pas interpréter ces contre-propositions de sa part comme étant dictées par la mauvaise volonté ou par des sentiments peu amicaux à notre égard.

Ainsi que Votre Excellence l'aura remarqué, le Baron Burian n'a pas, aujourd'hui non plus, répondu d'une manière concluante à nos demandes, et il s'est retranché derrière la difficulté d'amener les Gouvernements autrichien et hongrois à accueillir ces demandes.

AVARNA.

N° 21.

L'Ambassadeur du Roi, à Vienne,
au Ministre des Affaires Étrangères.

(*Télégramme.*) Vienne, le 12 février 1915.
Reçu le 13.

Se référant à la conversation qu'il a eue avec moi le 9 courant, le Baron Burian vient de me faire parvenir un mémorandum concernant les raisons sur lesquelles se fondent les contre-propositions de l'Autriche-Hongrie.

« *Aide-Mémoire*[1]. — Au début des conversations qui sont en cours depuis quelque temps entre l'Autriche-Hongrie et l'Italie au sujet des compensations que pourrait réclamer l'Italie sur la base de l'article VII du Traité d'Alliance, dans l'éventualité où des avantages territoriaux ou autres résulteraient pour l'Autriche-Hongrie de son action contre la Serbie et le Monténégro, le Gouvernement italien a développé l'idée que les raisons politiques qui militaient en faveur d'une pareille discussion étaient de créer entière une bonne foi entre les deux États, d'éliminer des heurts continuels, et de rendre possible une coopération entre les deux pays vers des buts de politique générale. Sincèrement animé des mêmes dispositions, le Gouvernement austro-hongrois reconnaît également l'utilité de déblayer dès à présent le terrain de tout élément qui pourrait entraver, à l'avenir, le développement des rapports cordiaux entre nos deux États. Dans cet ordre d'idées, il croit avant tout nécessaire d'amener un accord sur toutes les questions qui concernent nos droits réciproques découlants de l'article VII de notre Traité d'Alliance, et nommément sur deux questions, dont l'une remonte à plusieurs années, tandis que l'autre a surgi plus récemment, et qui touchent dans le vif nos intérêts bien fondés.

« Il s'agit de la question des îles de la mer Égée, occupées par l'Italie, et de celle de l'action de l'Italie en Albanie. Quant à la première de ces questions, il serait superflu de récapituler ici les différentes phases, très présentes à nos esprits, des pourparlers qui, en 1911 et en 1912, ont eu lieu à ce sujet entre Vienne et Rome, et qui doivent se trouver consignés dans les archives de la Consulta. Il suffira de constater les points suivants :

« 1° Malgré le danger évident que la modification du *statu quo* introduit par l'occupation de la part de l'Italie des îles du Dodécanèse, et qui aurait tôt ou tard une répercussion dans la Péninsule des Balkans, l'Autriche-Hongrie, désirant n'entraver en aucune façon les opérations militaires de son alliée, ne s'est pas formellement opposée.

« 2° Néanmoins, le Gouvernement austro-hongrois s'est référé, lors de l'événement, à l'article VII du Traité d'Alliance, et a déclaré au Gouvernement italien à plusieurs reprises, les 6, 7 et 14 novembre 1911, les 13, 15 et 20 avril 1912, les 20, 21 et 31 mai 1912 et le 5 juin 1912, que, du fait de ces occupations déclarées temporaires, le droit de l'Autriche-Hongrie à un accord préalable basé sur le principe d'une compensation, formulé dans ledit article, entrait en actualité, et que nous nous réservions de faire valoir ce droit au moment donné. Pour ce qui regarde la durée, irrélevante d'ailleurs, devant constituer le titre valable à compensation de ces occupations, l'Italie a assuré maintes fois le Gouvernement austro-hongrois, et de la façon la plus catégorique, que ces occupations ne sont que passagères, et qu'elles prendraient fin après la cessation des hostilités entre l'Italie et la Turquie. On a même discuté une déclaration écrite que le Gouvernement italien délivrait à ce propos au Gouvernement austro-hongrois, sans cependant tomber d'accord

1. Tout l'*Aide-Mémoire* est en français dans le texte.

sur la rédaction de cette pièce. Toutefois le Gouvernement austro-hongrois tient à reproduire ici le texte suivant de cette déclaration, tel qu'il a été proposé par le Gouvernement italien : « Il est entendu « que dans la pensée du Gouvernement italien, l'occupation effec- « tuée jusqu'à ce jour ou qui pourrait s'effectuer dans la suite des « îles de la mer Égée, Archipel, a un caractère provisoire, et que « lesdites îles seront restituées à la Turquie après la cessation des « hostilités entre l'Italie et la Turquie, et par conséquent après l'éva- « cuation de la Tripolitaine et de la Cyrénaïque de la part des « troupes et des officiers ottomans, et aussitôt que la réalisation « des conditions indiquées dans la note italienne du 15 mars 1912 « aux Grandes Puissances aura été obtenue. Il est également en- « tendu que la présente déclaration, qui découle des dispositions « de l'article du Traité d'Alliance, sera considérée par le Gouver- « nement austro-hongrois ainsi que par le Gouvernement italien, « comme strictement secrète et confidentielle, car autrement elle « n'atteindrait pas le but commun aux deux Puissances, qui est de « hâter et de faciliter la paix. » Il résulte de ce texte, d'un côté, que les conditions auxquelles le Gouvernement italien avait subordonné l'évacuation du Dodécanèse ne subsistent plus actuellement, et bien que presque trois ans se soient écoulés depuis, l'Italie n'a pas restitué ces îles à la Turquie. D'un autre côté, le texte en question prouve que l'Italie a reconnu la corrélation qui existe entre ces occupations et l'article VII du Traité d'Alliance. Il semble donc être évident que si le Gouvernement tient à discuter, dès à présent, les compensations auxquelles l'article en question lui donnerait droit dans le cas d'une occupation austro-hongroise future et, dans le cas, incertaine, le Gouvernement austro-hongrois peut demander de son côté, à plus forte raison, la discussion des compensations qui lui sont dues déjà par le fait de l'occupation prolongée du Dodécanèse de la part de l'Italie.

« Passant à la question de l'action de l'Italie en Albanie, le Gouvernement austro-hongrois tient à constater qu'il n'a reçu à ce sujet que deux communications du Gouvernement italien. Le 23 octobre dernier, le Duc Avarna a informé le Comte Berchtold que, vue la pénurie qui s'était manifestée parmi les réfugiés à Valona et l'anarchie qui y régnait, l'Italie se voyait amenée à pourvoir, par l'envoi d'une petite mission sanitaire policière, à « des opérations « de police, mesures humanitaires, nécessaires, en faveur des « réfugiés, sans donner à ces opérations un caractère d'expédition « militaire, constituant une occupation dans le sens propre du mot, « de la ville de Valona ».

« Le Duc Avarna était chargé d'ajouter que l'Italie, conformément aux déclarations qu'elle avait faites au commencement de la guerre actuelle, continuerait à rester fidèle à l'accord italien-austro-hongrois en vigueur, concernant l'Albanie et l'Epire, et à maintenir les décisions de Londres, notamment en ce qui concernait la neutralité et les frontières de l'Albanie.

« Le Gouvernement austro-hongrois a pris acte de cette communication. Le 26 décembre dernier, le Duc Avarna a porté à la connaissance du Comte Berchtold que, pour mettre fin à l'anarchie locale, le Gouvernement italien se voyait dans la nécessité de débarquer à Valona un détachement de matelots. Il s'agirait d'une mesure purement provisoire, qui ne saurait s'étendre au delà de la ville de Valona. Les déclarations, ci-dessus alléguées, furent renouvelées à cette occasion. Le Comte Berchtold s'est borné à prendre acte de cette communication. Or depuis lors, l'action de l'Italie en Albanie s'est peu à peu modifiée et surtout intensifiée. Le débarquement d'un détachement de matelots italiens à Valona a été suivi de l'envoi de troupes italiennes d'infanterie et d'artillerie, et d'une quantité assez considérable de matériel de guerre. La ville de Valona ainsi que Kanina et Svernez ont été occupées militairement.

« Le nombre des navires de guerre italiens se trouvant dans les eaux albanaises a constamment augmenté. Lorsqu'on craignait à Durazzo l'invasion des ennemis d'Essad Pacha, un de ces navires a tiré des coups de canon contre les assiégeants, ce que l'année dernière, et dans une situation bien plus grave, le Gouvernement italien avait cru devoir refuser de faire, conjointement avec le Gouvernement austro-hongrois. En dehors de cette action militaire, l'Italie s'est aussi emparée de l'administration civile de Valona où la Préfecture, l'administration financière, la police, la gendarmerie et la Municipalité se trouvent sous le contrôle des organes du Gouvernement italien, dont quelques-uns investis du titre de Commissaires Royaux. Une mesure analogue vient d'être appliquée à la douane de Valona. Une autre disposition du Gouvernement italien exige que toutes les personnes se rendant à Valona soient pourvues de passeport portant le visa italien. Bien que l'ensemble de ces mesures ne soit guère, d'après notre manière de voir, en harmonie avec les termes et le sens des déclarations réitérées du Gouvernement italien, le Gouvernement austro-hongrois s'abstient, pour le moment, de toute réclamation, mais il se voit dans la nécessité de constater que l'action italienne tombe indubitablement sous la définition d'une occupation temporaire, d'après notre interprétation concordante de l'article VII et, de même que l'occupation du Dodécanèse, nous donne droit, dès à présent, à une compensation.

« Le cas où l'occupation italienne de Valona cesserait d'être tout à fait passagère, n'est point actuel, mais il va sans dire que cette dernière alternative étant incompatible avec l'accord italien-austro-hongrois concernant l'Albanie et déterminant une modification de l'équilibre adriatique si souvent invoqué par le Gouvernement italien, donnerait aussi à l'Autriche-Hongrie un droit additionnel à des compensations adéquates.

« Résumant ce qui précède, le Gouvernement austro-hongrois est d'avis que les conversations si heureusement engagées entre l'Autriche-Hongrie et l'Italie sur le thème des compensations se poursuivraient encore plus utilement, si elles se portaient aussi sur la question des compensations à donner à l'Autriche-Hongrie pour l'occupation italienne du Dodécanèse et pour l'occupation italienne, ne fût-elle même que temporaire, de Valona. »

AVARNA.

N° 22.

Le Ministre des Affaires Étrangères,
à l'Ambassadeur du Roi, à Vienne.

(*Télégramme.*) Rome, le 12 février 1915, 4 h. 20.

En ce qui concerne l'occupation temporaire du Dodécanèse et celle de Valona, qui, suivant le Baron Burian, imposaient à l'Italie l'obligation d'un accord préalable avec l'Autriche-Hongrie, fondé sur le principe des compensations, je dois remarquer ce qui suit :

1° *Iles du Dodécanèse.* — Par le télégramme du 20 mai 1912, l'on informait Votre Excellence que les îles occupées à ce moment par les troupes italiennes étaient les suivantes : Stampalia, Rhodes, Caso, Scarpanto et Chalcis, et que l'on aurait aussitôt occupé Simi, Piscopi, Nisero, Chalimno, Lero, Lipso et Pathmos.

Par le télégramme du 21 mai 1912, l'on informait Votre Excellence qu'on procédait immédiatement à l'occupation de Cos.

Par le télégramme du 23 mai, Votre Excellence informait d'avoir fait au Comte Berchtold la communication y relative. Le Comte Berchtold répondit « qu'une semblable décision était en opposition non seulement avec les déclarations précédemment faites; mais encore avec les engagements que nous avions assumés par l'article VII du Traité d'Alliance » et que « en vertu de cet article il aurait eu le droit de demander des compensations pour ces occupations ». Par égard pour les considérations qu'on lui avait soumises et pour témoigner de sa bonne volonté et de son sincère désir de ne pas mettre d'obstacle, — pour le moment et autant que possible, — à notre liberté d'action, le Comte Berchtold ne se serait pas opposé auxdites occupations et « *ne se serait pas prévalu à cette occasion du droit à des compensations qui lui étaient dues* ». Mais il tenait à déclarer formellement que si nous avions procédé à l'occupation ultérieure des îles de la mer Egée, il n'aurait pu y consentir, à cause des conséquences graves qu'il en pouvait résulter et que, en nous laissant l'entière responsabilité de ces occupations éventuelles, il se réservait de se prévaloir, à l'occasion, de son droit aux compensations.

De tout ce qui précède, il résulte que le Comte Berchtold a déclaré à Votre Excellence qu'il renonçait à se réclamer de la clause des compensations au sujet de Rhodes et du Dodécanèse. Cela englobait la question de savoir si et combien des îles occupées par l'Italie appartiennent à la mer Méditerranée et à la mer Egée, suivant ce qui est spécifié à l'article VII lequel se rapporte à la mer Egée seulement.

Mais d'autre part, comme suite à l'opposition exercée par l'Autriche et comme suite aussi à la déclaration susmentionnée que des « occupations ultérieures » auraient fait entrer en action la clause des compensations, le Gouvernement Royal prit l'importante décision de s'abstenir d'occuper Chio et Mitylène, bien qu'il résultât, de nos renseignements et des assurances reçues, que cette occupation de Chio et de Mitylène eût précisément porté à notre adversaire le coup décisif, capable de briser sa résistance, et eût ainsi contribué à l'amener aux négociations de paix qui eussent mis fin au conflit.

Donc, l'Italie a respecté les engagements sanctionnés par l'article VII, ce qui eut pour conséquence le grave dommage qui résulta de la prolongation de la guerre.

L'occupation de Rhodes et du Dodécanèse a été prolongée pour deux raisons :

a) L'abandon des îles est subordonné à l'accomplissement, de la part de la Turquie, des clauses stipulées par le Traité de Lausanne : or, la Turquie n'a pas encore rempli cet engagement. Elle n'a pas, non plus, entièrement obtempéré à l'obligation, qu'elle avait reconnue, de compenser, par des concessions dans l'Asie-Mineure, l'Italie en raison des dépenses que cette dernière avait supportées à la suite de la prolongation de l'occupation militaire des îles.

b) Avec l'occupation des îles, l'Italie a rendu un service signalé à la Turquie, car ces îles auraient été inévitablement conquises par la Grèce, ainsi que cela se produisit pour Chio, Mitylène et pour les autres îles appartenant actuellement à la Grèce. Et nous savons que la Turquie était très inquiète de voir l'occupation italienne se prolonger, et elle ne nous poussa pourtant jamais à les abandonner, car elle se rendait bien compte, dans l'incertitude de la situation politique actuelle et devant l'état précaire des rapports gréco-turcs, qu'il y aurait eu un gros danger pour les îles au cas où elles auraient été rendues à la Turquie, puissance militairement incapable de les défendre. En conséquence, l'occupation des îles, pendant les guerres balkaniques et pendant le conflit actuel, auquel prend part la Turquie, a constitué et constitue un service rendu par l'Italie à l'alliée de l'Autriche-Hongrie.

2° *Occupation de Valona.* — L'occupation italienne de Valona a son origine et sa raison dans la situation de fait où, par suite du conflit européen, se trouvèrent les Puissances ayant participé à la conférence de Londres. Dans cette conférence, on a créé l'Albanie et on a déterminé ses frontières.

Dès l'origine de la guerre actuelle, le Gouvernement italien a soutenu que les délibérations de Londres, au sujet de l'Albanie, devaient continuer à demeurer valables et obligatoires.

Seule l'Italie, comme Puissance neutre, était à même de pourvoir à la sauvegarde desdites délibérations, ce qui explique et justifie le fait que d'aucun côté il ne nous parvint d'objections lorsque nous avons occupé, provisoirement, Saseno et Valona, afin de préserver ces importantes localités albanaises de tout événement qui aurait pu avoir de graves répercussions internationales. Il est, en effet, notoire que Valona se trouvait sous la menace imminente de désordres occasionnés par les ambitions adverses des Guègues et des Épirotes. Ces derniers étaient désavoués par le Gouvernement d'Athènes, mais nul ne peut se faire d'illusions sur les conséquences qui seraient résultées d'une occupation épirote de Valona.

Si, en ce qui concerne Valona, il a été indispensable de procéder à une occupation militaire provisoire, pour le reste de l'Albanie l'action diplomatique a suffi pour contenir les ambitions des États balkaniques voisins. Les vives insistances, faites auprès des Gouvernements de Belgrade, d'Athènes et de Cettigné, ont réussi à retenir jusqu'à présent ces Gouvernements d'entreprendre des incursions et des opérations militaires. C'est donc grâce à la ferme attitude du Gouvernement italien, que l'Albanie, telle que l'a créée la conférence de Londres, n'eut pas à souffrir de modifications radicales dans son existence et dans son ensemble.

Après avoir ainsi répondu aux contre-propositions formulées par le Baron Burian, qui, — comme je l'ai démontré, — n'ont aucune raison d'être dans la négociation en cours, je remarque ce qui suit :

Plus de deux mois se sont écoulés depuis que nous avons soumis au Gouvernement austro-hongrois la question de l'article VII du Traité de la Triple-Alliance, en l'invitant à une discussion amicale au sujet des compensations à accorder à l'Italie par suite des perturbations qu'il provoqua dans l'équilibre balkanique.

Quoiqu'on ne se soit jamais refusé d'une manière catégorique à traiter, les semaines et les mois sont passés sans que l'on ait réussi à obtenir une réponse, ne fût-ce que sur la première question de principe, c'est-à-dire si le Gouvernement Impérial et Royal était disposé à accepter la discussion sur le terrain de la cession de territoires actuellement en possession de l'Autriche-Hongrie.

Bien au contraire, tandis que d'une part l'on pose de nouvelles questions et qu'on fait surgir de nouveaux sujets de discussion qui ont manifestement pour but d'éluder tout débat sur notre proposition et de traîner les choses en longueur, d'autre part, on prépare entre temps de nouvelles expéditions militaires dans les Balkans.

Devant cette attitude constamment dilatoire à notre égard, il ne nous est désormais plus permis de garder la moindre illusion sur le résultat pratique des pourparlers. En conséquence, le Gouvernement Royal, pour sauvegarder sa dignité, se voit contraint de retirer toutes ses propositions ou initiatives de discussion et de se retrancher derrière la simple teneur de l'article VII, en déclarant qu'il juge manifestement contraire à cet article toute opération militaire que l'Autriche-Hongrie entreprendrait à dater de ce jour dans les Balkans, soit contre la Serbie, soit contre le Monténégro ou ailleurs, sans qu'elle ait été précédée par l'accord préalable prévu par l'article VII.

Je n'ai pas besoin de remarquer que si le Gouvernement austro-hongrois montrait, par le fait de ne pas vouloir tenir compte, ainsi qu'il le devait, de cette déclaration, cela pourrait amener de graves conséquences, dont le Gouvernement Royal décline dès ce moment toute responsabilité.

Il est bon de rappeler à ce propos les intimidations adressées à plusieurs occasions par le Gouvernement austro-hongrois à l'Italie pendant la guerre de Libye.

Le 5 novembre 1911, le Comte Æhrenthal déclarait à Votre Excellence qu'« une action de notre part sur les côtes ottomanes de la Turquie d'Europe, de même que sur les îles de la mer Égée, n'aurait pas pu être admise ni par l'Autriche-Hongrie ni par l'Allemagne, comme étant contraire au Traité d'Alliance » (télégramme de Votre Excellence du 5 novembre 1911).

Et le 7 novembre de la même année, Votre Excellence télégraphiait : « Le Comte Ærenthal considère les bombardements des ports de la Turquie d'Europe, tels que Salonique, Cavalla, etc., comme étant contraires à l'article VII. »

En 1912, notre escadre, se trouvant à l'embouchure des Dardanelles et ayant été bombardée par les forts de Koum-Kalessi, répondit en bombardant ces forts. Le Comte Berchtold se plaignit de ce fait et il ajouta que « si le Gouvernement Royal désirait reprendre sa liberté d'action, le Gouvernement Impérial et Royal *pourrait en faire autant* ». Il n'aurait donc pu admettre que nous puissions effectuer à l'avenir des opérations semblables à celles faites actuellement ou une action quelconque en opposition avec le point de vue manifesté dans les conversations précédentes. Si une opération de ce genre avait été faite par nous, « *elle aurait pu avoir de graves conséquences* ».

Votre Excellence voudra bien communiquer ce qui précède au Gouvernement Impérial et Royal.

SONNINO.

N° 23.

L'Ambassadeur du Roi, à Vienne,
au Ministre des Affaires Étrangères.

(*Télégramme.*) Vienne, le 14 février 1915.
Reçu le 15.

J'ai donné communication au Baron Burian de ce dont Votre Excellence m'a chargé.

Le Baron Burian m'a dit qu'il ignorait complètement que le Comte Berchtold eût pu renoncer à se prévaloir de la clause des compensations en ce qui concernait nos occupations de Rhodes et du Dodécanèse. Comme je lui montrai, — à l'appui de l'affirmation contenue dans le télégramme de Votre Excellence, — la lettre que le Comte Berchtold m'adressa le 22 mai 1912 dans laquelle il s'exprimait dans les mêmes termes que j'avais textuellement reproduits, le Baron Burian a remarqué qu'une semblable renonciation serait contraire non seulement à l'opinion du Ministère Impérial et Royal au sujet de l'article VII, mais aussi aux dispositions de cet article, et qu'il n'existait au Ballplatz aucun document contenant l'assertion que le droit aux compensations avait été abandonné. Il a ajouté que, à son avis, l'expression dont s'est servi le Comte Berchtold : « qu'il ne se serait pas prévalu en cette occasion du droit à des compensations qui lui était reconnu », devait être interprétée dans le sens qu'il n'avait pas cette intention dans la circonstance où s'était effectuée l'occupation des îles ou au moment où il m'en parlait, à cause des considérations qu'il m'avait exposées, mais qu'il se réservait de s'en prévaloir au moment opportun. J'ai contesté cette interprétation en observant que si telle avait été la pensée du Comte Berchtold, cela ne pouvait avoir d'autre signification que celle donnée par nous, ainsi que le témoignait clairement la phrase suivante, dans laquelle, — en parlant d'occupations ultérieures de notre part d'îles de la mer Egée, — il se réservait le droit à des compensations afin de s'en prévaloir au besoin.

En parlant de la résolution prise par le Gouvernement Royal de retirer toutes ses propositions ou initiatives de discussion et de se retrancher derrière le simple dispositif de l'article VII, le Baron Burian a remarqué que la première question de principe au sujet de laquelle Votre Excellence se plaignait de ne pas avoir encore reçu de réponse, résumait en elle-même toute la question. Il avait accepté d'engager la discussion avec le Gouvernement Royal, afin d'arriver à un accord, car il était tout disposé à le favoriser. Et il s'était proposé de se rendre après-demain à Budapest pour parler de cette question au Comte Tisza. Le Gouvernement Royal devait, partant, reconnaître d'avoir placé la question sur un terrain extrêmement épineux et ne pouvait certes pas exiger que le Gouvernement Impérial et Royal consentît à la discussion immédiate d'une question qui engageait les intérêts de la Monarchie.

Le Baron Burian m'a dit qu'il prenait bonne note de la communication que je lui avais faite au nom de Votre Excellence. Toutefois, puisque le Gouvernement Impérial et Royal n'avait jamais voulu s'écarter des dispositions de l'article VII du Traité de la Triple-Alliance, il ne manquera pas de s'en tenir aux stipulations de cet article au cas de la continuation de sa campagne contre la Serbie.

J'ai cru devoir faire remarquer au Baron Burian que cet article imposait au Gouvernement Impérial et Royal, — avant d'entamer une opération militaire quelconque, — l'obligation de contracter un accord préliminaire et non pas contemporain ou consécutif à ces opérations.

AVARNA.

N° 24.

Le Ministre des Affaires Étrangères à l'Ambassadeur du Roi, à Vienne.

(*Télégramme.*) Rome, le 17 février 1915.

De la réponse faite par le Baron Burian à la communication de Votre Excellence relative à l'obligation, pour le Gouvernement Impérial et Royal, de n'entreprendre aucune action militaire dans les Balkans, sans une entente préalable avec le Gouvernement Royal, il appert évidemment l'intention de faire précéder éventuellement par une semblable action militaire la discussion des compensations dont il est parlé à l'article VII. J'approuve la réponse que lui a faite Votre Excellence, et je vous recommande de profiter de la première occasion qui se présentera pour réitérer clairement au

Baron Burian que, pour éviter toute équivoque, l'interprétation manifeste de l'article VII exige que l'accord précède l'action, sauf le cas où l'autre partie contractante consentirait à une autre manière de procéder. Dans les circonstances actuelles, le Gouvernement Royal ne peut faire une pareille concession; c'est pourquoi la communication que nous avons faite au Gouvernement Impérial et Royal a la signification précise d'un *veto* opposé par nous à toute action militaire de l'Autriche-Hongrie dans les Balkans jusqu'à ce que l'accord soit conclu au sujet des compensations visées par l'article VII. Il faut bien mettre en évidence que tout agissement contraire, de la part du Gouvernement Impérial et Royal, ne pourrait être interprété par nous que comme une violation manifeste des pactes du Traité et comme un indice évident de son intention de reprendre sa liberté d'action, auquel cas nous devrions nous estimer pleinement justifiés à reprendre, nous aussi, notre pleine liberté d'action pour la sauvegarde de nos intérêts.

SONNINO.

N° 25.

Le Ministre des Affaires Étrangères,
à l'Ambassadeur du Roi, à Berlin.

(*Télégramme.*) Rome, le 18 février 1915.

Dans la conversation que j'ai eue avant-hier avec le Prince de Bülow, je lui ai parlé des communications faites par le Duc Avarna au Baron Burian, relativement à l'abandon, de notre part, de toute discussion sur les compensations dont il est question à l'article VII du Traité de la Triple-Alliance et à la prohibition de toute action austro-hongroise dans les Balkans, toutes les fois où il n'y aurait pas eu un accord préalable avec nous. Après avoir pris bonne note de ce que je venais de lui dire, le Prince de Bülow, me parlant d'un ton confidentiel, me demanda si, — en causant entre nous et en dehors de tout caractère officiel, — je croyais vraiment que, dans le cas où l'Autriche s'obstinerait à ne rien concéder pour le Trentin, il n'y aurait pas d'autre terrain, en Albanie ou ailleurs, sur lequel il serait possible de porter la question des avantages à assurer à l'Italie, de manière à éviter le grand malheur d'une guerre entre nos pays.

Je lui répondis que je lui avais toujours parlé en toute sincérité et que j'étais tout prêt à lui exprimer, — en dehors de tout caractère officiel, — mon intime et profonde conviction; je ne voulais pas, en ce moment, discuter sur le plus ou le moins de concessions qui auraient pu suffire pour assurer notre neutralité, en satisfaisant les aspirations nationales; qu'il pouvait y avoir des doutes ou des divergences à ce sujet, mais qu'en dehors de cette base des concessions il n'y avait pas de négociation possible. Il ne s'agissait pas de désirs de conquête ou d'ambitions mégalomanes, mais bien de la touche la plus sensible de l'âme populaire, du sentiment national.

La Monarchie de Savoie, ainsi que je le lui avais dit autrefois, trouve sa plus forte racine dans la personnification des vœux de la Nation, et cette racine est tellement forte qu'elle a pu résister et vaincre dans la longue lutte avec la Papauté, ainsi que dans le débordement du socialisme pendant sa période la plus révolutionnaire.

En conséquence, il n'y a pas de base de discussion possible en dehors de concessions capables de satisfaire, du moins dans quelque mesure, le sentiment national.

Tout cela ne dépendait nullement de la volonté ou du caprice de tel ou tel Ministère; la vague de l'opinion publique aurait passé sur toute autre question, aurait balayé toute autre force et « überrumpelt[1] » tout obstacle; aucune argumentation subtile, aucun sombre présage, nulle crainte des plus graves dangers n'auraient pu la réfréner.

A Vienne, on ne voulait ou on ne savait pas se convaincre d'une semblable situation et on estimait que tout cela était un *bluff* de notre part, ou un rêve fantastique du Prince de Bülow.

Étant donnée cette situation, la responsabilité de ceux qui appartiennent au Gouvernement était énorme. J'avais la conscience d'avoir fait tout mon possible pour contenir les impatiences et modérer les aspirations d'un côté, et, de l'autre, pour exposer, à Vienne comme à Berlin, la situation dans toute sa dure réalité.

SONNINO.

N° 26.

Le Ministre des Affaires Étrangères,
à l'Ambassadeur du Roi, à Berlin.

(*Télégramme.*) Rome, le 21 février 1915.

J'ai vu hier le Prince de Bülow.

Comme il semblait craindre que les communications faites au nom du Gouvernement par le Duc Avarna au Baron Burian eussent produit sur ce dernier une impression bien autre que celle qu'il (Bülow) en avait ressentie après ce que je lui avais fait savoir à ce propos, je lui ai répété, en substance, les communications faites à Vienne, dans la forme résumée que je reproduis textuellement ci-après :

« Le Gouvernement italien a déclaré, dès le commencement, qu'il ne saurait admettre l'utilité d'aucune discussion sur les compensations dont il est question dans l'article VII, qui ne se rapporterait pas à la cession de territoires possédés actuellement par l'Autriche-Hongrie; car telle discussion, ne pouvant satisfaire aucunement le sentiment national italien, ne pourrait mener à aucun accord.

« Jusqu'à présent, les deux Gouvernements ont discuté plutôt

1. *Überrumpeln* = renverser. (En allemand dans le texte.)

vaguement sur les événements des Balkans passés ou futurs.

« En se retranchant dans l'article VII, selon la dernière communication faite par le Duc Avarna au Baron Burian, et en retirant toute proposition déjà faite de discussion, le Gouvernement italien a voulu établir nettement ce qui suit : le Gouvernement italien n'admet dorénavant aucune action militaire de l'Autriche-Hongrie dans les Balkans à moins que préalablement, comme le veut le texte de l'article VII, n'ait été conclu un accord sur les compensations, accord qu'il serait inutile d'espérer de conclure autrement que sur la base de cessions de territoires actuellement possédés par l'Autriche-Hongrie. Si le Gouvernement austro-hongrois ne tenait pas compte, dans le fait, de cette déclaration du Gouvernement italien, celui-ci y verrait la preuve que l'Autriche-Hongrie a repris sa liberté d'action relativement aux dispositions du Traité, ce qui justifierait le Gouvernement italien à reprendre lui aussi sa liberté d'action.[1] »

SONNINO.

N° 27.

L'Ambassadeur du Roi, à Vienne,
au Ministre des Affaires Étrangères.

(*Télégramme.*) Vienne, le 22 février 1915.
Reçu le 23.

J'ai donné communication au Baron Burian de ce que Votre Excellence m'a télégraphié et, en me tenant scrupuleusement à ses instructions, je me suis efforcé à plusieurs reprises d'en éclaircir les divers points. Le Baron Burian m'a dit vouloir répondre en premier lieu sur l'interprétation donnée par Votre Excellence à l'article VII, aux termes duquel l'accord y envisagé, relatif aux compensations éventuelles, devait être conduit à terme et non seulement ébauché avant le commencement de toute opération militaire de l'Autriche-Hongrie dans les Balkans. A ce propos, il a fait observer que la conclusion de l'accord préalable dépendrait de nous, que nous pourrions faire traîner la discussion, alors que l'Autriche-Hongrie devrait rester exposée à toutes les attaques de la part de la Serbie, sans pouvoir y répondre. D'autre part, les compensations à attribuer à l'Italie devaient être équivalentes aux avantages que l'Autriche-Hongrie pourrait retirer.

Mais, avant d'établir les compensations, il fallait établir et évaluer les avantages. Pour ces deux raisons, il était impossible, à son avis, de conduire à terme l'accord avant toute opération militaire de l'Autriche dans les Balkans. J'ai fait remarquer au Baron Burian, que l'expression « accord préalable » signifiait, par définition, que l'accord devait être conduit à terme et non seulement ébauché avant ces opérations. En effet, le mot « accord » voulait dire consentement

1. Les trois alinéas sont en français dans le texte.

définitif à un point déterminé et ce sens était encore renforcé par le second mot, signifiant que la chose devait être décidée et déterminée avant d'aller plus loin. Si tel n'était pas le sens qui dans l'idée des négociateurs du Traité devait être attribué à l'expression susdite, la condition à laquelle l'article VII subordonnait toute modification du *statu quo* n'aurait eu aucune valeur.

D'ailleurs, si l'accord préalable ne devait pas être conduit à terme, quelle garantie pourrait avoir l'autre contractant de voir l'accord, une fois ébauché, se conclure ensuite définitivement durant les opérations militaires? Des divergences de vue pourraient en rendre impossible la conclusion, de sorte que la condition prévue à l'article VII ne serait pas remplie, l'autre contractant risquant ainsi de rester sans compensations. Le Baron Burian a répondu que, tout en convenant de la justesse de mes observations, il ne pouvait les admettre ni les considérer comme conformes à l'esprit et à la lettre du Traité; en effet, en raisonnant ainsi, on arriverait à entraver la liberté d'action d'un des contractants, ce qui ne pouvait certainement être conforme aux intentions des négociateurs du Traité. Et il ne pouvait pas davantage admettre, que le fait de ne pas conduire à terme l'accord avant toute opération militaire, constituât un manque de garantie pour l'autre contractant. La parole du contractant, qui s'était engagé à entrer en négociations sur l'accord préalable, lui semblait une garantie suffisante. Le Baron Burian a ajouté que l'article VII ne comportait pas, selon lui, un *veto* formel et absolu à toute opération militaire de l'Autriche dans les Balkans, mais établissait la nécessité et le droit à des compensations pour les avantages que l'Autriche pourrait retirer.

Après avoir rappelé les intimations faites à nous à maintes occasions par le Gouvernement Impérial et Royal durant la guerre italo-turque, j'ai déclaré que sans aucun doute le Gouvernement Royal pouvait opposer un semblable *veto*, tant que ne serait pas réalisé préalablement l'accord, pour les compensations, prévu par l'article VII, et qui devait en outre être conduit à terme et non seulement ébauché avant les opérations militaires. Et en lui répétant ce que je lui avais déjà dit, qu'un procédé différent de la part du Gouvernement Impérial et Royal pourrait être interprété par nous comme une violation manifeste des clauses du Traité, je me suis entretenu avec lui dans le sens même des instructions données par Votre Excellence. A quoi le Baron Burian a répliqué qu'à son avis l'accord devait, à vrai dire, être ébauché avant ces opérations, mais qu'on devait en développer les détails plus tard suivant la marche des opérations militaires.

Il reconnaissait toutefois qu'on pourrait établir les bases générales de l'accord préalable en déterminant la nature des compensations visées par le Gouvernement Royal. Aussi m'a-t-il déclaré que son intention n'était nullement de se soustraire aux obligations imposées par l'article VII, obligations auxquelles il avait la meilleure volonté de se conformer. Mais il ne pouvait accepter l'interprétation donnée par Votre Excellence à cet article, suivant laquelle l'accord préalable devait être achevé dans tous ses détails avant toute opération militaire de l'Autriche-Hongrie dans les Balkans, ce qui pourrait mettre le Gouvernement Impérial et Royal dans une situation impossible. Et il m'a répété que la prolongation des « pourparlers[1] », indépendamment même de la volonté du Gouvernement Royal, livrerait l'Autriche-Hongrie à la merci de la Serbie, étant donné qu'elle ne pouvait se défendre contre les attaques de celle-ci pendant toute la durée des négociations.

Le Baron Burian m'a ensuite parlé de l'inutilité d'ouvrir une discussion sur les compensations éventuelles si celles-ci ne concernaient pas la cession de territoires déjà en possession de l'Autriche-Hongrie. Et il m'a dit si le Gouvernement Impérial et Royal se trouvait dans le cas d'avoir à engager des négociations pour un accord préalable avec l'Italie, avant d'entreprendre une opération militaire quelconque en Serbie, il ne manquerait pas d'en faire part en temps utile au Gouvernement Royal pour amorcer ainsi les « pourparlers[1] » relatifs à cet accord: mais il ne pouvait se lier dès à présent en ce qui concernait la base des compensations auxquelles Votre Excellence a fait allusion. Insistant auprès de lui pour qu'il se prononce sur ce point, je lui ai répété ce que je lui avais déjà fait connaître, à savoir que si le Gouvernement Royal, dorénavant, manifestait par les faits son intention de ne pas tenir un compte sérieux de nos déclarations, le Gouvernement Royal y verrait une violation du Traité d'Alliance, pouvant avoir des conséquences très graves. Le Baron Burian m'a répondu que la question de la base des compensations n'avait pour le moment pas caractère d'actualité. Il a ajouté que si Votre Excellence avait le droit d'interpréter le Traité, il avait lui aussi un droit semblable et qu'une divergence momentanée d'opinion ou d'interprétation ne pouvait être considérée comme une violation de ce Traité.

Malgré mes insistances réitérées et vives, le Baron Burian a persisté dans son refus de se ranger au point de vue de Votre Excellence relatif à l'interprétation de l'article VII du Traité de la Triple-Alliance et à la base des compensations qui nous reviennent.

Sur ce dernier point, il serait vain de se faire illusion. Le Gouvernement Impérial et Royal ne consentira jamais à faire, dans les conditions actuelles, la cession de territoires appartenant à la Monarchie.

AVARNA.

N° 28.

Le Ministre des Affaires Étrangères,
à l'Ambassadeur du Roi, à Vienne.

(*Télégramme.*) Rome, le 25 février 1915.

J'approuve les réponses faites par Votre Excellence au Baron Burian.

Le texte de l'article VII parle d' « accord préalable[1] » sur les compensations, et non de discussion sur un accord à conclure plus

1. En français dans le texte.

tard seulement, quand une des parties aura mené à fin ses opérations dans les Balkans et obtenu déjà les avantages visés, quitte ensuite à faire des subtilités à l'infini sur les compensations à accorder à l'autre contractant.

Le mot « préalable[1] » fait ressortir clairement cette stipulation de l'article VII, sauf arrangement différent entre les deux parties, que l'accord, c'est-à-dire l'union des volontés pour déterminer la qualité et la quantité de la compensation, doit être conclu avant l'action. Rien n'empêche que dans des occasions déterminées, les deux parties y consentant et les circonstances particulières le conseillant, l'accord puisse être formulé aussi conditionnellement et en proportionnant les compensations aux résultats futurs qui pourraient résulter effectivement de l'action militaire à entreprendre; mais l'article VII admet également que des compensations puissent être exigées aussi pour le simple fait de l'engagement d'une action dans les Balkans.

Il serait entièrement contraire à l'esprit, comme à la lettre de l'article VII, et entièrement contraire à l'interprétation donnée à celui-ci en 1911 et 1912 par l'Autriche-Hongrie durant la guerre de Libye, d'admettre, ainsi que le voudrait aujourd'hui le Baron Burian, qu'aux termes de cette article on doive, avant d'établir les compensations, pouvoir évaluer les avantages résultant effectivement d'une action déterminée dans les Balkans pour un des contractants. Sinon une des parties pourrait engager et mener à terme une guerre dans les Balkans, sans même que l'autre soit en mesure de savoir, avec certitude, si théoriquement elle a droit à une compensation quelconque, quitte, en pratique, à n'en jamais obtenir aucune, même après la fin des opérations.

Étant donné cet état de choses, le Gouvernement Royal, afin de prévenir l'inconvénient de futures longueurs dans la discussion de l'accord, lesquelles pourraient porter un trop grave préjudice à l'action militaire de l'Autriche-Hongrie, a déclaré nettement, dès à présent, sans attendre l'éventualité d'une nouvelle entreprise de l'Autriche-Hongrie dans les Balkans, que toute proposition de discussion sur les compensations, ne visant pas la cession de territoires actuellement en possession de l'Autriche-Hongrie, ne pourrait aboutir à aucun résultat pratique, en d'autres termes ne pourrait jamais mener à cet accord qui devrait précéder l'action envisagée.

Par contre, sur le terrain par nous indiqué, un tel accord entre les deux États pourrait selon toute présomption être obtenu, et si le Gouvernement austro-hongrois admettait désormais en principe ce terrain comme base éventuelle de discussion, ce fait ne pourrait que contribuer à rendre plus faciles et plus fécondes les négociations et à hâter cet accord.

SONNINO.

1. En français dans le texte.

N° 29.

Le Ministre des Affaires Étrangères,
à l'Ambassadeur du Roi, à Berlin.

(*Télégramme.*) Rome, le 25 février 1915.

Dans son télégramme du 21 courant, Votre Excellence rapporte que le Chancelier, M. de Bethmann-Hollweg, lui avait déclaré que « d'après les termes du Baron Burian, il se croyait autorisé à affirmer que dans la pensée du Gouvernement austro-hongrois également l'accord en question devait être complet avant le commencement des opérations militaires. »

L'Ambassadeur du Roi à Vienne me rapporte une série de propos du Baron Burian tendant à démontrer que le Gouvernement austro-hongrois n'est nullement de cette opinion, « ne pouvant accepter l'interprétation de l'article VII suivant laquelle l'accord préalable devait être achevé dans tous ses détails avant toute opération militaire de l'Autriche-Hongrie dans les Balkans ».

Nous maintenons, comme la seule possible, notre interprétation, conforme à celle que M. de Bethmann-Hollweg affirmait avoir été adoptée par l'Autriche-Hongrie; mais il me semble opportun que Votre Excellence signale au Gouvernement allemand la contradiction susmentionnée.

SONNINO.

N° 30.

L'Ambassadeur du Roi, à Vienne,
au Ministre des Affaires Étrangères.

(*Télégramme.*) Rome, le 24 février 1915.
Reçu le 25.

Je crois devoir rectifier une légère erreur de mon précédent télégramme. J'y disais que le Baron Burian s'était refusé à se ranger au point de vue de Votre Excellence, relatif à l'interprétation de l'article VII du Traité de la Triple-Alliance et à la base des compensations qui nous reviennent. S'il est exact que le Baron Burian se soit refusé à adhérer au premier de ces points de vue, il ne serait aucunement conforme à la vérité de l'affirmer pour le second, étant donné que sa réponse fut non pas négative, mais seulement évasive.

AVARNA.

N° 31.

L'Ambassadeur du Roi, à Berlin,
au Ministre des Affaires Étrangères.

(*Télégramme.*) Berlin, le 26 février 1915.
Reçu le 27.

Notre interprétation, affirmant la nécessité de conduire à terme, et non d'ébaucher simplement, l'accord préalable envisagé par l'article VII, avait été admise par le Chancelier, non seulement implicitement, mais bien explicitement et à plusieurs reprises. Car à sa question, deux fois renouvelée, si l'exposé qu'il m'avait fait de la communication, adressée par le Duc Avarna au Baron Burian, était exactement conforme à la vérité, j'avais répondu que le seul point à éclaircir était précisément le point susmentionné; il avait déclaré accepter notre interprétation, ajoutant qu'il se croyait en droit d'affirmer que dans la pensée du Gouvernement austro-hongrois également l'accord devait être intervenu (*erfolgt*[1]) et complet (*vollkommen*[1]) avant le commencement des opérations militaires. Et M. de Jagow, auquel j'avais rapporté cela ensuite, m'avait confirmé les paroles du Chancelier.

En m'entretenant donc ce matin avec lui de cette question, je lui ai manifesté ma surprise au sujet des déclarations faites par le Baron Burian au Duc Avarna dans un sens absolument contraire à ces assurances. M. de Jagow, ne pouvant lui non plus arriver à comprendre ce qui s'était passé, pensait que dans l'entretien du Baron Burian et le Chancelier, il avait pu se produire quelque malentendu, pour l'éclaircissement duquel il télégraphierait immédiatement à M. de Tschirsky. Pour mieux expliquer le point de vue du Gouvernement Royal, je lui ai aussitôt donné lecture du télégramme adressé par Votre Excellence au Duc Avarna. Il prit note des points essentiels de mon exposé et me promit de les soumettre à un examen approfondi.

BOLLATI.

N° 32.

L'Ambassadeur du Roi, à Vienne,
au Ministre des Affaires Étrangères.

(*Télégramme.*) Vienne, le 26 février 1915.
Reçu le 27.

J'ai communiqué au Baron Burian les différentes considérations exposées par Votre Excellence et, en m'entretenant avec lui dans le sens des instructions reçues de Vous, je lui ai exprimé la confiance que j'avais à le voir reconnaître la justesse de ces considérations. Le Baron Burian m'a fait remarquer que les arguments allégués par Votre Excellence, pour démontrer que la discussion sur un

1. En allemand dans le texte.

accord à conclure plus tard, quand une des parties aurait terminé ses opérations dans les Balkans et obtenu les avantages visés, aurait pu se prolonger à l'infini au sujet des compensations à attribuer à l'autre contractant, pouvaient également être allégués dans le cas où l'accord devait être conclu avant le commencement de toute opération militaire. Il a rappelé à ce propos ce qu'il avait déclaré dans l'entretien du 22 courant. A son avis, pourvu que les négociations pour l'accord fussent engagées en temps utile avant toute opération militaire, on pouvait arriver, en y apportant des deux côtés de la bonne volonté, à établir en peu de temps les bases de ces négociations. Par contre, le règlement des détails de l'accord pourrait entraîner des longueurs, indépendamment de la volonté des deux parties, et ce fait ne pourrait certainement pas justifier l'interruption des opérations militaires jusqu'à ce que l'accord fût conclu. Si l'on devait donc admettre l'interprétation donnée par Votre Excellence à l'article VII, l'Autriche-Hongrie serait exposée à subir un préjudice dans ses opérations contre la Serbie, avec laquelle elle est en guerre et contre laquelle elle doit continuer à combattre. En effet, si l'Autriche-Hongrie n'attaquait pas la Serbie, mais était attaquée par elle, le Gouvernement Impérial et Royal se trouverait dans une situation difficile par le fait qu'il ne pourrait se défendre. Ces considérations lui semblaient venir à l'appui de sa thèse, selon laquelle l'accord devait être ébauché, mais non pas mené à terme avant toute opération.

Le Baron Burian a ensuite fait remarquer que, sans s'en tenir rigoureusement à l'interprétation donnée par Votre Excellence à l'article VII, on aurait pu adopter l'idée que vous aviez suggérée et qu'il accepte en principe, à savoir que dans des circonstances déterminées, les deux parties étant d'accord et les circonstances en question le conseillant, l'accord pourrait aussi être formulé conditionnellement et en proportionnant les compensations aux résultats qui pourraient être obtenus en suite d'une action militaire à entreprendre. Et il a ajouté que les circonstances spéciales pour l'Autriche-Hongrie consistaient dans le fait déjà mentionné par lui, qu'elle était en guerre avec la Serbie et se trouvait exposée aux attaques de cette Puissance, sans pouvoir se défendre si elle avait dû adopter l'interprétation donnée par Votre Excellence à l'article VII, ce qui aurait placé l'Autriche-Hongrie dans la situation anormale susmentionnée. Et il aurait été impossible à Votre Excellence de n'en pas convenir. Poursuivant dans cet ordre d'idées, le Baron Burian a fait observer que, si les deux parties étaient animées de bonne volonté, ce dont il ne pouvait douter, on aurait pu régler ainsi conditionnellement les moindres détails de l'accord, en proportion des résultats futurs ou éventuels de l'action à entreprendre. A la veille d'une action militaire, dont on ne pouvait supputer les avantages, il était certainement impossible de fixer les compensations. En outre, en adoptant l'idée de Votre Excellence, on aurait évité toute longueur et empêché que tant l'Autriche-Hongrie que l'Italie pussent être « frustrées[1] ». Il ne pouvait donc que s'associer

1. En français dans le texte.

à cette idée, car elle aurait atténué les difficultés pouvant se rencontrer dans la recherche d'un accord sur la base de l'interprétation susdite proposée par Votre Excellence. En se déclarant ainsi disposé à adopter cette idée et à la mettre en pratique, il m'a invité à prier Votre Excellence de bien vouloir lui faire connaître son opinion à ce sujet.

Le Baron Burian m'a ensuite déclaré persister dans sa manière de voir exprimée dans notre entrevue du 22 courant, à savoir qu'avant de fixer les compensations, il fallait pouvoir évaluer les avantages effectifs apportés à l'un des contractants à la suite d'une action déterminée dans les Balkans. Je fis observer au Baron Burian que sa manière de voir, comme je lui en avais déjà fait la remarque, était contraire non seulement à l'esprit et à la lettre de l'article VII, mais encore à l'interprétation, qui nous en avait été donnée par l'Autriche-Hongrie en 1912 et en 1913.

Se référant à ce qu'il m'avait dit à ce propos dans l'entrevue susdite, le Baron Burian a déclaré que l'idée suggérée par Votre Excellence, idée qu'il y avait selon lui pour les deux Gouvernements intérêt à accepter parce que pratique, aurait pu faire disparaître les divergences de vues existant entre lui et vous à ce sujet. Répondant ensuite à ma déclaration, qu'aucune proposition de discussion sur les compensations ne visant pas la cession de territoires actuellement en possession de l'Autriche-Hongrie, ne pourrait aboutir à cet accord, devant être conclu préalablement à l'action projetée, le Baron Burian m'a signifié qu'il devait s'en tenir, à ce sujet, à ce qu'il m'avait dit dans notre entrevue du 22 courant, à savoir qu'il ne pouvait se lier dès à présent en ce qui concernait la base des compensations, cette question n'ayant pour le moment aucun caractère d'actualité.

Puis comme je lui avais répété les termes de la dernière partie du télégramme de Votre Excellence, le Baron Burian m'a rappelé les déclarations faites par lui dans l'entrevue du 22 courant, c'est-à-dire qu'une différence momentanée d'opinion ou d'interprétation ne pouvait être considérée comme une violation du Traité.

AVARNA.

N° 33.

Le Ministre des Affaires Étrangères,
à l'Ambassadeur du Roi, à Vienne.

(*Télégramme.*) Rome, le 27 février 1915.

Pour les raisons exposées à plusieurs reprises dans mes télégrammes, il n'est pas possible, dans le cas présent, d'engager une discussion anticipée sur l'accord à conclure préalablement à toute action militaire de l'Autriche-Hongrie contre la Serbie et le Monténégro, dût-il s'agir d'un accord proportionnant les compensations, en totalité ou en partie, aux avantages éventuels résultant en fait d'une telle action. Le Gouvernement Royal ne peut en effet, pour les raisons développées maintes fois, accepter aucune discussion qui n'envisage pas de compensations sous forme de cession de territoires actuellement en possession de l'Autriche-Hongrie. Et sur ce point, en trois mois, il n'a jamais réussi à obtenir de réponse, pas même sur la question de principe, à savoir si le Gouvernement Royal et Impérial acceptait la discussion sur ce terrain : de sorte que pour sauvegarder sa dignité, le Gouvernement Royal s'est vu contraint de retirer toute proposition de discussion de ce genre. La circonstance spéciale qu'invoque le Baron Burian, pour justifier, dans l'espèce, un accord éventuel, formulé conditionnellement — à savoir que l'Autriche-Hongrie se trouve actuellement déjà en guerre avec la Serbie — ne me paraît pas pouvoir être prise en considération dans le cas présent, étant donné que cette guerre fut entreprise par l'Autriche-Hongrie non seulement sans aucune entente préalable avec l'Italie, mais encore en dépit de tous les conseils donnés par celle-ci et au préjudice de ses intérêts politiques les plus importants. Cette circonstance pourrait tout au plus être invoquée pour une partie des compensations à discuter, c'est-à-dire pour les compensations proportionnelles, mais non pas pour la totalité : car le fait même de l'ouverture de nouvelles opérations militaires dans les Balkans constitue à nos yeux un motif suffisant pour pouvoir exiger un minimum de compensations territoriales, indépendamment des résultats qui s'ensuivraient. Mais tout cela reste toujours subordonné à la question initiale de principe, celle du terrain sur lequel doit évoluer toute discussion sur les compensations. Aussi longtemps que l'Autriche-Hongrie ne manifeste pas clairement ses intentions dans cette question de principe, concernant la nature des compensations éventuelles, il est absolument inutile d'engager à nouveau ou de prolonger une discussion quelconque sur le quantitatif de ses compensations ou sur leur proportionnement, en totalité ou en partie, aux résultats éventuels des opérations militaires, cette discussion ne pouvant jamais mener à un résultat utile.

SONNINO.

N° 34.

L'Ambassadeur du Roi, à Vienne,
au Ministre des Affaires Étrangères.

(*Télégramme.*) Vienne, le 3 mars 1915.
Reçu le 3.

Je me suis entretenu avec le Baron Burian dans le sens des instructions contenues dans le télégramme de Votre Excellence.

Le Baron Burian m'a dit ne pouvoir, à son grand regret, partager cette opinion de Votre Excellence, que la circonstance spéciale invoquée par lui, à savoir l'état de guerre déjà existant entre l'Autriche-Hongrie et la Serbie, ne pouvait être prise en considération dans le cas présent, car, a-t-il ajouté, on ne pouvait certainement pas nier l'existence de l'état de guerre entre l'Autriche-Hongrie et la Serbie.

Tout en convenant de la réalité de ce fait, je lui ai fait observer qu'il ne pouvait cependant pas ne point reconnaître le bien-fondé des raisons de Votre Excellence dans cette question, raisons que je venais de lui exposer. D'autre part, il ne devait pas oublier qu'à maintes reprises, j'avais appelé son attention sur ce point, que nous étions intéressés au maintien de l'indépendance politique et économique de la Serbie et de l'équilibre dans les Balkans. Il était hors de doute que la guerre entreprise par l'Autriche-Hongrie contre la Serbie, guerre qui menaçait son indépendance et troublait le susdit équilibre, ne pouvait être considérée par nous que comme contraire à nos intérêts vitaux. Le Baron Burian a reconnu alors qu'avant d'engager une discussion sur la question des compensations, il convenait d'établir la base de ces compensations. Mais il devait reconnaître en même temps que la question des compensations en général, ainsi que celle portée par le Gouvernement Royal sur le terrain de la cession de territoires actuellement en possession de la Monarchie, n'avait pas un caractère d'actualité. Ainsi il ne pouvait dès à présent se prononcer sur cette question, le Gouvernement Impérial et Royal n'étant pas encore en état d'entreprendre une action militaire contre la Serbie. J'ai déclaré qu'il ne me semblait pas avoir considéré de la même façon la question des compensations, quand je lui avais déclaré qu'elle avait été portée par le Gouvernement Royal sur le terrain de la cession de territoires appartenant en fait à l'Autriche-Hongrie. En cette occasion, il m'a déclaré, en effet être disposé à entrer en discussion avec nous et être animé des meilleures intentions pour aboutir à un accord. Mais le Baron Burian, poursuivant, a ajouté que, sitôt le moment venu d'engager la susdite action contre la Serbie, il n'aurait pas manqué de prendre en considération notre déclaration, et comme l'action diplomatique se serait poursuivie de conserve avec l'action militaire, aucune opération n'aurait été entreprise avant que l'accord fût ébauché. J'ai déclaré que la question des compensations avait, à mon avis, un caractère non seulement d'actualité mais encore d'urgence, et qu'il convenait de la reprendre, tout retard ne pouvant être que préjudiciable.

A ce propos je lui ai fait observer que la question des satisfactions éventuelles à donner par nous aux aspirations nationales, prime par son importance toute autre considération, et que cette question ne pouvait rester sans prompte solution, car étant donné l'état de surexcitation de l'opinion publique, de graves dangers auraient pu s'ensuivre.

A quoi le Baron Burian a répliqué que les considérations exposées par moi avaient évidemment une valeur pour nous, mais qu'il fallait d'autre part tenir compte en Italie des considérations du Gouvernement Impérial et Royal. Et il a ajouté, que nous avions fixé un terme qui se serait trouvé atteint automatiquement au cours de la guerre de l'Autriche-Hongrie avec la Serbie. L'action militaire des troupes austro-hongroises contre cette Puissance ne pouvait tarder à s'effectuer, et alors le Gouvernement Impérial et

Royal n'aurait pas manqué de remplir les obligations assumées, ce qui ne pouvait que nous rassurer entièrement.

J'ai répondu n'avoir pas l'impression que ses affirmations pussent nous rassurer. En effet, il m'avait déclaré, en premier lieu, ne pas admettre l'interprétation donnée par nous à l'article VII du Traité d'Alliance, à savoir que l'accord envisagé dans cet article dût être non seulement ébauché, mais encore conduit à terme avant le commencement de toute opération militaire contre la Serbie et le Monténégro. En second lieu, il persistait dans son refus de se lier dès à présent au sujet de la base des compensations qui nous reviennent, affirmant que cette question n'avait pas un caractère d'actualité. Le Baron Burian a répondu que, tout en estimant, en effet, que l'accord devait être seulement ébauché et non pas mené à terme avant toute opération militaire contre la Serbie, il aurait fait cependant son possible pour le conduire à terme; seulement au cas où la chose eût été irréalisable, l'opération militaire aurait suivi son cours. Il reconnaissait encore ne pouvoir se prononcer dès à présent sur la base des compensations, mais il l'eût fait, quand le moment opportun fût venu.

J'ai répondu au Baron Burian qu'il était inutile qu'il parlât d'engager au moment qui lui eût paru le plus propice une discussion sur l'accord, alors qu'il n'était pas disposé à se prononcer sur la base des compensations proposée par nous. Une semblable discussion, comme je le lui avais déjà signifié, n'eût pu être acceptée par le Gouvernement Royal pour les raisons maintes fois développées par moi, sauf dans le cas où elle eût visé les compensations sous forme de cession de territoires actuellement en possession de l'Autriche-Hongrie. Le Baron Burian a répliqué qu'à son avis le moment n'était pas encore venu de se prononcer là-dessus : mais quand le moment serait venu, il aurait pris en considération cette déclaration et aurait eu soin de se prononcer à ce sujet avant d'engager les négociations pour l'accord. Comme j'avais jugé utile de répéter à nouveau au Baron Burian que le Gouvernement Royal maintenait la déclaration contenue dans la dernière partie du télégramme de Votre Excellence, il m'a dit qu'il n'aurait pas manqué d'en tenir compte au moment opportun.

Les paroles du Baron Burian montrent une fois de plus qu'il n'est pas disposé, pour le moment du moins, à entrer dans l'ordre d'idées de Votre Excellence, relativement à la question de principe et à l'interprétation de l'article VII du Traité d'Alliance.

Nos conversations sur cette question pourraient se prolonger à l'infini, sans aboutir à aucun résultat pratique, puisqu'il formulerait sans cesse de nouveaux arguments à l'appui de la thèse qu'il défend. Il serait donc vain de croire que, malgré toute la diligence déployée par moi, je puisse l'amener à s'écarter de la ligne de conduite qu'il s'est tracée.

AVARNA.

N° 35.

Le Ministre des Affaires Étrangères,
à l'Ambassadeur du Roi, à Vienne.

(*Télégramme.*) Rome, le 4 mars 1915.

J'estime, moi aussi, qu'il n'y a rien à espérer d'une prolongation de la discussion avec le Baron Burian au sujet des compensations territoriales envisagées par l'article VII. Il ne me paraît cependant pas inutile de récapituler nettement les points suivants, établis de façon définitive par les déclarations que nous avons faites successivement dans les entretiens précédents :

1° Que l'Autriche-Hongrie ne doit pouvoir engager aucune action dans les Balkans, sans qu'ait été préalablement conduit à terme l'accord sur les compensations, l'Italie s'en tenant rigoureusement au texte de l'article VII ;

2° Que toute infraction à ce qui précède sera considérée par nous comme une violation manifeste du Traité, en face de laquelle l'Italie reprend sa pleine liberté d'action pour sauvegarder ses droits et ses intérêts ;

3° Qu'aucune proposition ou discussion sur les compensations ne peut mener à un accord si elle ne se rapporte à la cession de territoires actuellement en possession de l'Autriche-Hongrie ;

4° Que, nous prévalant des termes de l'article VII, nous exigeons des compensations pour le fait même de l'ouverture d'une action militaire de l'Autriche-Hongrie dans les Balkans, indépendamment des résultats qu'une telle action pourrait apporter ; ceci n'excluant pas toutefois la possibilité de stipuler d'autres compensations formulées conditionnellement et proportionnées aux avantages que l'Autriche-Hongrie arriverait à obtenir en fait ;

5° Que cette part fixe de compensations, corrélative à la seule ouverture de l'action militaire, indépendamment de ses résultats, loin de faire l'objet d'un accord secret, devra être rendue effective par le transfert, de fait, des territoires cédés et leur occupation immédiate par l'Italie ;

6° Que nous n'admettons aucune discussion au sujet de compensations de notre part pour l'occupation du Dodécanèse et de Valona, et cela pour les diverses raisons déjà exposées au Baron Burian par Votre Excellence.

Sonnino.

N° 36.

Le Ministre des Affaires Étrangères,
à l'Ambassadeur du Roi, à Vienne.

(*Télégramme.*) Rome, le 4 mars 1915.

Le Chargé d'affaires du Roi à Cettigné télégraphie que le Ministre des Affaires étrangères lui a communiqué ce qui suit :

« Cette nuit, 3 heures, cinq torpilleurs autrichiens, pénétré port Antivari, coulé yacht royal, ont débarqué durant bombardement matelots avec mitrailleuses, qu'ils déchargeaient, pour tenir loin Monténégrins, pendant qu'ils mettaient le feu au dépôt gouvernemental, ne réussissant cependant à en brûler qu'une partie. Une personne tuée, trois autres blessées. »

Il est opportun que Votre Excellence entretienne le Ministre des Affaires étrangères de ces opérations militaires des forces austro-hongroises contre le Monténégro, opérations qui sont en opposition flagrante avec ce que nous avons fait connaître au Gouvernement austro-hongrois le 22 février dernier et avec les déclarations du Baron Burian.

SONNINO.

N° 37.

L'Ambassadeur du Roi, à Vienne,
au Ministre des Affaires Étrangères.

(*Télégramme.*) Vienne, le 7 mars 1915.
Reçu le 7.

Le Baron Burian m'a informé spontanément que sa réponse à notre question de principe ne se ferait pas attendre trop longtemps. J'ai fait remarquer que le refus catégorique de se prononcer à ce sujet, qu'il nous avait opposé jusqu'ici et répété encore dans l'entretien du 2 mars, n'autorisait certainement pas l'espoir de le voir faire aujourd'hui une semblable communication. A quoi le Baron Burian m'a répondu que tout en reconnaissant la justesse de mon observation, il devait me rappeler sa déclaration au cours dudit entretien, à savoir que le moment opportun venu, il se serait prononcé sur cette question qu'il convenait de ne pas laisser sans solution pour sortir de la situation présente.

AVARNA.

N° 38.

Le Ministre des Affaires Étrangères,
aux Ambassadeurs du Roi, à Berlin et à Vienne.

(*Télégramme.*) Rome, le 8 mars 1915.

Le Prince de Bülow m'a fait savoir qu'il avait reçu des dépêches de Berlin, dans lesquelles, après l'avoir informé que le Gouvernement allemand s'était employé activement à Vienne pour pousser aux négociations de l'Autriche-Hongrie avec l'Italie, on croyait pouvoir l'assurer que les dispositions à Vienne avaient fini par se modifier, si bien qu'il y avait lieu d'espérer de voir aboutir lesdites négociations.

J'ai répondu que le Duc Avarna, renseigné par M. de Tschirsky, m'avait lui aussi télégraphié dans le même sens. En outre, le Baron Burian lui aurait exprimé avant-hier son espoir de pouvoir lui donner bientôt une réponse sur la question de principe relativement au terrain sur lequel les négociations pourraient évoluer.

SONNINO.

N° 39.

Le Ministre des Affaires Étrangères,
aux Ambassadeurs du Roi, à Berlin et à Vienne.

(*Télégramme.*) Rome, le 9 mars 1915.

Le Prince de Bülow m'a communiqué une dépêche reçue par son Gouvernement et dont voici la teneur :

« Le Baron Burian nous a priés de déclarer au Gouvernement italien, que l'Autriche-Hongrie est prête à entrer en négociations avec l'Italie, conformément à la proposition du Baron Sonnino, et sur la base de la cession de territoire autrichien. La déclaration à faire au Parlement italien devrait être rédigée de concert avec Vienne. Le Baron Burian fera son possible pour que la formule soit rédigée d'un commun accord dans le plus bref délai possible. »

Je fis observer au Prince de Bülow qu'il fallait éviter toute équivoque, que je n'ai jamais voulu parler de déclarations à faire au Parlement sur le fait de l'ouverture de négociations, mais de la nécessité de ne pas tenir secret, dès qu'il aurait été conclu, l'accord sur les compensations.

Le Prince de Bülow a rédigé la note suivante :

« Le Baron Sonnino n'oppose aucune objection à ce que, l'accord conclu, la déclaration à faire à ce sujet au Parlement italien soit formulée de concert avec le Baron Burian, mais il n'a aucunement l'intention de faire au Parlement une déclaration quelconque sur le fait des négociations entamées au cours de ces négociations. Et cela, parce que, selon le Baron Sonnino, toute déclaration de ce genre, en excitant l'opinion publique, rendrait beaucoup plus difficile la réussite des négociations. Lui aussi désire qu'on agisse au plus vite. »

De plus, j'ai dit au Prince de Bülow que j'attendrais le rapport du Duc Avarna sur l'entrevue qu'il devait avoir aujourd'hui avec le Baron Burian

SONNINO.

N° 40.

L'Ambassadeur du Roi, à Berlin,
au Ministre des Affaires Étrangères.

(*Télégramme.*) Berlin, le 9 mars 1915.
Reçu le 10.

M. de Jagow vient de m'informer que le Baron Burian l'a prié de nous faire parvenir sa réponse affirmative à la question de principe posée par nous. Le Gouvernement austro-hongrois consent définitivement, conformément aux demandes émises par le Gouvernement Royal, à ce que la discussion concernant les compensations, découlant de l'application de l'Article VII du Traité de la Triple-Alliance, soit portée sur le terrain de la cession de territoires appartenant actuellement à la Monarchie. Le Baron Burian m'a exprimé le désir de se mettre au plus vite en relation avec l'Ambassadeur du Roi à Vienne pour s'entendre au sujet de la déclaration que le Gouvernement Royal pourrait vouloir faire au Parlement.

BOLLATI.

N° 41.

L'Ambassadeur du Roi, à Vienne,
au Ministre des Affaires Étrangères.

(*Télégramme.*) Vienne, le 9 mars 1915.
Reçu le 9.

Le Baron Burian m'a fait savoir que le Gouvernement Impérial et Royal consentait à discuter la question des compensations, envisagées par l'article VII du Traité d'Alliance, sur la base proposée par le Gouvernement Royal, c'est-à dire sur le terrain de la cession de territoires appartenant à la Monarchie austro-hongroise. A ce propos, il a fait allusion à l'attention scrupuleuse avec laquelle le Gouvernement Impérial et Royal avait examiné cette question et aux grandes difficultés qu'il avait fallu surmonter pour arriver à la susdite décision. Et, comme il l'a fait remarquer, celle-ci avait été prise dans le désir de parvenir à une entente avec le Gouvernement Royal afin de maintenir les bons rapports réciproques en évitant tout heurt, et de rendre ainsi possible une coopération des deux Gouvernements pour la réalisation de buts communs de politique générale. Ce point de vue qu'il m'avait déjà indiqué à plusieurs reprises était celui qui l'avait toujours guidé et correspondait en outre à ce que je lui avais exposé dans notre premier entretien du 18 janvier écoulé, lorsque je lui avais parlé, dans la question des compensations, des raisons logiques et politiques.

Le Baron Burian a ensuite exprimé l'opinion que les différents détails concernant la question comme ceux, par exemple, relatifs à la stipulation de l'accord préalable et d'autres semblables, devaient être examinés dans nos conversations ultérieures.

Enfin le Baron Burian m'a dit que si Votre Excellence croyait devoir, pour des raisons d'opportunité, informer le public du fait que les deux Gouvernements étaient déjà en « pourparlers[1] » sur la question des compensations, il la priait de vouloir bien lui faire connaître par voie confidentielle les termes de cette communication.

J'ai répondu que j'ignorais les intentions de Votre Excellence, mais que, personnellement, je supposais qu'elle désirait garder le

1. En français dans le texte.

secret sur l'existence des négociations en cours et sur leur objet, et cela naturellement pendant toute leur durée.

Ce nonobstant, j'aurais transmis son désir à Votre Excellence.

AVARNA.

N° 42.

Le Ministre des Affaires Étrangères,
à l'Ambassadeur du Roi, à Vienne.

(*Télégramme.*) Rome, le 10 mars 1915.

Le Gouvernement Royal avait retiré toute proposition de discussion sur les compensations envisagées à l'article VII, mais la situation générale est trop grave et la question trop importante pour nous attacher aujourd'hui à des questions de pure forme; nous acceptons donc la discussion sur la base désormais admise par le Gouvernement Impérial et Royal. Nous n'entendons faire aucune communication au Parlement et au public relativement à l'ouverture des négociations.

Une fois écartée la divergence de principe sur la base à donner aux négociations, j'espère qu'on en viendra promptement aux pourparlers et qu'on les activera pour arriver bientôt à l'accord dont la conclusion doit nécessairement, selon mes déclarations répétées, précéder toute action militaire austro-hongroise dans les Balkans.

Ces négociations doivent se faire directement entre les deux Gouvernements sans intervention de tiers.

Les points primordiaux sur lesquels il convient de s'entendre préalablement sont les suivants :

1° Secret absolu des négociations. Toute indiscrétion touchant leur existence et leur marche obligerait le Gouvernement Royal à retirer ses propositions et à rompre les pourparlers.

2° L'accord conclu, il devra être mis à exécution immédiatement. Sinon le Gouvernement Royal manquerait de la force politique nécessaire pour obtenir du pays cette ratification morale qui serait indispensable à la réalisation de l'accord conclu.

3° Afin d'éliminer de nouvelles discussions et des heurts ainsi que le renouvellement d'incidents regrettables, et pour laisser en même temps au Gouvernement autrichien la liberté d'action nécessaire dans la conduite de la guerre, il convient que l'accord embrasse toute la durée de la guerre, en tant qu'il vise l'invocation possible de l'article VII.

Pour le cas où le Gouvernement autrichien accepterait ces bases, nous nous déclarons prêts à spécifier nos demandes de compensations en les réduisant au minimum, jugé par nous indispensable, pour atteindre le but même de l'accord invoqué, but qui est d'éliminer de manière durable, entre les deux États, les occasions de heurts, en créant entre eux des rapports normaux de cordialité et en rendant possible une coopération dans les tendances communes de politique générale.

Et notre grand et commun intérêt étant de parvenir rapidement à un accord en écartant d'emblée toute suspicion de dilations et de longueurs volontaires, je proposerais de fixer, pour la durée des pourparlers, un délai de quelques semaines; celui-ci expiré sans qu'on soit arrivé à une conclusion, toute proposition faite par une des deux parties serait considérée comme nulle et non avenue et l'on retournerait au *statu quo ante* de liberté réciproque.

SONNINO.

N° 43.

L'Ambassadeur du Roi, à Vienne,
au Ministre des Affaires Etrangères.

(*Télégramme.*) Vienne, le 13 mars 1915.
Reçu le 13.

J'ai exposé au Baron Burian les divers points contenus dans le télégramme du 10 mars, en m'entretenant avec lui dans le sens des instructions reçues par Votre Excellence.

Le Baron Burian m'a dit prendre acte des intentions de Votre Excellence, de ne faire, au Parlement ni au public, aucune communication relative à l'ouverture des négociations. Quant à la déclaration faite à plusieurs reprises par Votre Excellence, que la conclusion de l'accord devait absolument précéder toute action militaire de l'Autriche-Hongrie dans les Balkans, le Baron Burian a insisté sur le fait qu'il ne pouvait changer d'opinion au sujet de l'interprétation de l'article VII du Traité d'Alliance, ce dont il avait déjà eu occasion de me faire connaître les raisons dans de précédentes conversations. Je lui ai fait observer que la raison alléguée par lui pour ne pas consentir à la conclusion définitive de l'accord, avant toute opération militaire dans les Balkans, me semblait désormais sans consistance, puisque Votre Excellence avait manifesté l'espoir d'en venir à bref délai aux négociations pour l'accord et de les voir avancer rapidement, en réponse de quoi le Baron Burian a reconnu que son objection était en effet écartée par les considérations exposées par Votre Excellence, tendant à la fixation entre les deux parties d'un délai, à l'expiration duquel les négociations pour l'accord devraient être terminées. C'est pourquoi il se serait employé selon les intentions de Votre Excellence à mener activement ces négociations pour aboutir si possible à un accord.

Au sujet des trois points primordiaux sur lesquels il fallait s'entendre préalablement, le Baron Burian m'a déclaré :

1° Qu'il acceptait de garder le secret absolu sur les négociations, à condition de tenir l'Allemagne au courant, pour les raisons déjà indiquées.

2° Que, si même l'article VII prévoyait la conclusion préalable de l'accord, il ne prévoyait pas en tout cas son exécution préalable, ce qui serait forcer le sens de cet article et cela en thèse générale. J'ai répliqué que, s'il admettait que l'accord dût être arrêté avant l'action, et non au cours de celle-ci, ni après, il ne pouvait point ne pas admettre également que le contenu de cet accord, déterminant les compensations, ne dût être soumis aux mêmes considérations. C'est pourquoi la part fixe des compensations devant répondre au simple fait de l'ouverture des opérations militaires dans les Balkans indépendamment des résultats, loin de faire l'objet d'un accord secret, devait être rendue effective par le transfert de fait des territoires cédés et leur occupation immédiate par l'Italie. Je lui avais déjà exposé les considérations d'ordre politique qui rendaient nécessaire le transfert effectif des territoires cédés. D'autre part, je croyais devoir lui rappeler les déclarations faites par moi dans notre entretien du 17 janvier, à savoir que, pour gouverner l'opinion publique italienne et la rendre favorable à l'accord, il était nécessaire de la mettre d'emblée en présence d'un minimum d'avantages sûrs et tangibles, et non dépendant uniquement d'éventualités incertaines et lointaines. Le Baron Burian a répondu que, dans le cas envisagé, il serait impossible au Gouvernement Impérial et Royal d'admettre le transfert d'aucun territoire de la Monarchie avant la conclusion de la paix, et cela pour diverses considérations que la nature même des choses rendait impérieuses. Il a ajouté que les raisons de politique intérieure développées par moi pouvaient avoir pour nous une valeur au point de vue national, mais qu'il existait pour le Gouvernement Impérial et Royal telles raisons dont il lui était impossible de son côté de se départir.

Et il a fini par manifester l'espoir que le Gouvernement Royal ne se refuserait pas à examiner à nouveau ce second point. Quant au troisième point, le Baron Burian m'a déclaré qu'il s'associait entièrement à la manière de voir exprimée par Votre Excellence, à savoir que l'accord devrait embrasser toute la durée de la guerre, en tant qu'il vise l'invocation possible de l'article VII. Enfin, en ce qui concerne la proposition de Votre Excellence, de fixer un délai de quelques semaines pour la durée des pourparlers, le Baron Burian a fait remarquer que, si la fixation d'un tel délai procédait du désir de Votre Excellence de voir mener rapidement les négociations, il partageait entièrement cette manière de voir, mais il lui semblait qu'il serait bien difficile de fixer d'emblée un nombre déterminé de jours. Au cours de cet entretien, le Baron Burian ayant incidemment fait allusion à ses contre-propositions de compensations pour notre occupation de Valona et du Dodécanèse, j'ai cru devoir lui déclarer que, pour les raisons déjà exposées par moi, nous ne pouvions admettre aucune discussion au sujet de compensations de notre part pour cette occupation. A quoi le Baron Burian a répondu qu'il persistait à affirmer son droit à des compensations pour cette occupation, droit résultant de l'article VII, et qu'il reviendrait là-dessus en temps opportun.

Comme Votre Excellence l'aura remarqué, le Baron Burian, dans la discussion du second point, s'est exprimé dans des termes explicites, qu'il paraît douteux de le voir modifier par la suite son opinion manifeste à ce sujet, à savoir qu'il ne consentirait pas à ce que l'accord, dès sa conclusion, fût rendu effectif.

AVARNA.

N° 44

Le Ministre des Affaires Étrangères,
à l'Ambassadeur du Roi, à Vienne.

(*Télégramme.*) Rome, le 13 mars 1915.

Je dois constater que l'entretien avec le Baron Burian, rapporté par Votre Excellence, laisse peu d'espoir de pouvoir, non seulement mener à bonne fin, mais même engager une discussion sur la cession de territoires actuellement en possession de l'Autriche-Hongrie.

Je pourrais même aujourd'hui passer sur la première grave divergence dans l'interprétation à donner aux paroles de l'article VII « accord préalable[1] », car si les pourparlers pressants qui devraient porter sur toute la durée de la guerre, pouvaient être conduits rapidement à terme, il ne pourrait se produire pendant longtemps le cas hypothétique sur lequel repose le dissentiment, à savoir une action militaire entreprise dans les Balkans avant la conclusion d'un accord, bien qu'on en ait commencé la discussion.

Je ne verrais aucune objection à ce que, une fois établi que les pourparlers doivent être conduits directement entre les Gouvernements austro-hongrois et italien, le Gouvernement allemand soit néanmoins tenu au fur et à mesure au courant de ceux-ci.

Quant à la durée du délai à fixer d'avance pour la discussion, il est inutile de s'y arrêter tant qu'apparaît irréductible l'autre divergence essentielle, sur le principal des points que dans mon précédent télégramme j'indiquais comme des conditions *sine qua non* pour l'ouverture d'une discussion, à savoir l'entente préalable sur la mise en exécution immédiate de l'accord éventuel. Comme je l'ai déjà expliqué, cette condition nous paraît primordiale, étant donné que sans elle aucun Gouvernement ne disposerait actuellement en Italie de l'autorité politique nécessaire pour garantir pratiquement le maintien de l'engagement qu'il avait pris. Il serait donc non seulement inutile, mais dangereux, de s'engager trop avant dans la voie des négociations d'obligations réciproques éventuelles dont on ne pourrait ensuite garantir l'exécution effective.

Je ne m'arrête même pas à l'insistance avec laquelle le Baron Burian invoque aujourd'hui l'article VII pour notre occupation du Dodécanèse et de Valona. Pour les raisons déjà exposées, le Gouvernement Royal ne peut accepter la discussion sur ce sujet. Mais cette insistance peut servir à témoigner du peu de probabilité de réussite qu'aurait aujourd'hui la reprise des pourparlers en général sur les compensations envisagées dans l'article VII, étant donné l'état d'esprit actuel du Gouvernement Impérial et Royal.

SONNINO.

1. En français dans le texte.

N° 45.

L'Ambassadeur du Roi, à Vienne,
au Ministre des Affaires Étrangères.

(*Télégramme.*) Vienne, le 16 mars 1915.
Reçu le 16.

J'ai exposé au Baron Burian ce que Votre Excellence répond au sujet des déclarations qu'il m'avait faites dans le précédent entretien, et en insistant sur le principal des points, duquel je lui avais parlé dans ledit entretien, relatif à l'entente préalable sur la mise à exécution immédiate de l'accord éventuel, je me suis exprimé dans le sens du télégramme même. Le Baron Burian m'a dit, en ce qui concerne l'interprétation à donner aux paroles « accord préalable », que tout en ne pouvant modifier son opinion sur cette interprétation, il pouvait toutefois me déclarer que les pourparlers en vue d'un accord, une fois engagés, il ne les troublerait pas, en évitant d'entreprendre une action militaire quelconque dans les Balkans pendant le délai à fixer d'un commun accord pour la durée de ces pourparlers. Quant à l'entente préventive sur la mise à exécution immédiate de l'accord, le Baron Burian m'a rappelé ce qu'il m'avait dit dans l'entretien du vendredi précédent, que l'article VII du Traité d'Alliance parlait d'accord préalable, et il a ajouté que la réalisation des compensations par un des contractants devait avoir lieu en même temps que les avantages de l'autre contractant seraient assurés à ce dernier. Il ne pouvait donc que persister dans la déclaration faite dans ledit entretien, à savoir que le transfert de territoires de la Monarchie était impossible avant la conclusion de la paix.

J'ai répondu que le refus de sa part de s'engager préventivement à mettre à exécution l'accord dès sa conclusion, rendait inutile l'ouverture de toute discussion, étant donné que cet engagement préventif devait être considéré comme une condition *sine qua non* pour l'ouverture de cette discussion.

A ce propos je devais lui rappeler que cette condition était pour nous essentielle, étant donné que sans elle aucun Gouvernement en Italie ne pourrait avoir l'autorité politique nécessaire pour garantir pratiquement le maintien des engagements à prendre. Il serait donc non seulement inutile, mais même dangereux de s'engager trop avant dans des négociations d'obligations réciproques éventuelles dont on ne pourrait ensuite garantir l'exécution effective

Après quoi, le Baron Burian m'a déclaré qu'à côté des diverses considérations de nature impérieuse, déjà indiquées, et empêchant le Gouvernement Impérial et Royal de prendre l'engagement préventif en question, il en existait d'autres d'ordre moral et légal. Les premières avaient trait à la dignité du Souverain et au prestige de la Monarchie comme grande Puissance, les secondes avaient rapport au transfert immédiat des territoires à céder, lequel ne pouvait s'effectuer par voie administrative.

A ces considérations qui rendaient impossible la mise à exécution immédiate de l'accord dès sa conclusion, il fallait encore ajouter cette circonstance, que le Gouvernement Impérial et Royal ne pouvait certainement décider, durant la guerre, du sort des populations dont les fils combattaient à l'heure même pour l'intégrité de la Monarchie.

Le Gouvernement Impérial et Royal avait consenti à discuter la question des compensations sur la base proposée par le Gouvernement Royal, mais les divers membres de ce Gouvernement étaient bien d'accord pour ne pas admettre le transfert immédiat des territoires à céder, lesquels devaient être remis à la fin de la guerre.

Sur cette base, le Gouvernement Impérial et Royal était toujours disposé à entrer en pourparlers avec le Gouvernement Royal et était animé à cet égard des meilleures dispositions. Cependant la condition du Gouvernement Royal rendait difficile la situation et aggravait de beaucoup le grand sacrifice que le Gouvernement Impérial et Royal était prêt à faire dans le but d'arriver à une entente amicale et complète avec l'Italie.

Le Baron Burian m'a dit enfin que le Gouvernement allemand partageait entièrement son opinion sur la question du transfert immédiat des territoires à céder. Et la contre-proposition du Gouvernement Royal au Gouvernement Impérial et Royal était considérée par le Gouvernement allemand comme n'étant pas susceptible de discussion.

J'ai répondu au Baron Burian, ne pouvoir me référer à ce sujet qu'à mes déclarations touchant l'entente préalable sur la mise à exécution immédiate de l'accord conclu, laquelle était considérée par le Gouvernement Royal comme condition *sine qua non* de l'ouverture de la discussion, et à laquelle il ne croyait pas pouvoir renoncer.

Enfin, en ce qui concerne notre occupation de Valona et du Dodécanèse, le Baron Burian a déclaré persister dans l'affirmation de son droit aux compensations qui revenaient au Gouvernement Impérial et Royal, droit basé sur l'article VII du Traité de la Triple-Alliance.

Il ne croyait cependant pas devoir insister là-dessus, d'autant plus qu'il n'avait pas encore formulé un projet précis de compensations. En ce moment, il n'avait aucunement l'intention de compliquer la négociation, il était au contraire, animé du désir de la voir se poursuivre et arriver à un bon résultat.

Malgré les nouvelles et vives insistances faites par moi à plusieurs reprises auprès du Baron Burian pour l'engager à entrer dans l'ordre d'idées de Votre Excellence, il a persisté dans sa manière de voir au sujet de la mise à exécution immédiate de l'accord; et il ne semble pas qu'il veuille s'en départir, à en juger par la façon dont il s'est exprimé.

AVARNA.

N° 46.

Le Ministre des Affaires Étrangères,
aux Ambassadeurs du Roi, à Berlin et à Vienne.

(*Télégramme.*) Rome, le 17 mars 1915.

Le Prince de Bülow étant venu me voir le 15 courant, s'est montré très préoccupé des nouvelles qui lui étaient parvenues sur l'état de nos pourparlers avec Vienne, et des conditions préventives exposées par nous au Baron Burian.

La condition qui l'inquiète par-dessus tout, parce qu'il la juge de nature à rendre impossible un accord, est celle relative à l'*exécution immédiate* à donner à la cession des territoires que l'accord aurait fixés. Il ne croit pas qu'on puisse exiger cela de l'Autriche. Il n'existe pas dans l'Histoire de semblable précédent; il citait Nice et la Savoie dont le transfert s'était effectué après la guerre. Cette condition posée par nous, aujourd'hui, était nouvelle. Le Gouvernement autrichien avait accepté notre proposition que l'accord ne devrait pas rester secret après sa conclusion et jusqu'à la fin de la guerre. Une fois l'accord conclu, nous aurions la meilleure garantie de son exécution dans la signature de Sa Majesté l'Empereur d'Autriche. Et en outre on aurait la garantie de l'Allemagne, médiatrice de l'accord et l'approuvant.

Le transfert immédiat des territoires cédés provoquerait une révolution à Vienne. Pour les cessions de territoires, l'approbation des Parlements est nécessaire. Et à l'heure actuelle, un Parlement austro-hongrois s'opposerait à toute proposition semblable.

J'ai répondu que la condition avait été indiquée par nous comme indispensable, attendu que, si la cession effective des territoires en question était renvoyée après la paix, aucun Gouvernement ne pourrait garantir pour toute la durée de la guerre de contenir les impulsions belliqueuses du pays.

Tout fait de guerre, toute oscillation dans les vicissitudes de la lutte, donnerait lieu à des craintes, à des agitations, à des bagarres.

Le cas de Nice et de la Savoie n'était pas comparable au cas actuel; là il s'agissait de concessions à conditionner selon les acquisitions territoriales effectives du Piémont, et l'accord intervenait entre ceux qui devaient être des frères d'armes.

Les soldats niçois et savoyards continuaient à combattre durant la guerre du même côté et contre le même ennemi, que la cession eût lieu ou non. Quelle serait par contre, dans la guerre actuelle, la situation des soldats appartenant aux territoires cédés? S'ils désertaient, de quel droit pourrait-on les punir? Comment l'opinion publique en Italie pourrait-elle ne pas se soulever contre le dur sort qui leur serait imposé, de continuer à combattre et à mourir pour une cause qui ne serait plus la leur?

Et puis ce n'était pas une condition nouvelle posée par nous, que celle de l'exécution immédiate. J'en avais parlé en effet au Prince de Bülow lui-même dès nos premières conversations, en faisant allusion précisément aux soldats sous les drapeaux autrichiens.

L'argument allégué de la nécessité d'une sanction par le Parlement austro-hongrois était une arme à deux tranchants. A l'heure présente, l'Empereur avait pleins pouvoirs. Toute stipulation dont l'exécution et même la validité resteraient en suspens, justifierait pleinement la défiance du peuple italien. Si, la guerre finie, le Parlement refusait sa sanction aux cessions convenues, tout aurait été en vain et l'Italie aurait été jouée.

Le Prince de Bülow ajoutait qu'il était moralement convaincu, que, en dehors de cette condition de l'immédiate exécution, on arriverait à un accord entre l'Autriche-Hongrie et l'Italie relativement à la question territoriale; mais il ne jugeait pas possible une entente sur cette condition. Il faisait prévoir toutes les conséquences terribles, dans l'avenir prochain et lointain, d'une rupture entre l'Italie et l'Allemagne.

Il proposait en dernier lieu de laisser de côté, momentanément, la discussion sur cette condition de l'exécution immédiate, en l'ajournant jusqu'au moment où l'entente serait intervenue sur les points à discuter.

Il est convaincu que, de cette manière, on pourrait encore arriver à une conclusion, « à moins que, disait-il, vous ne soyez déjà décidés à faire la guerre, et cela dans le courant de mars ».

J'ai répondu que je lui avais franchement exposé mon opinion, mais que, ne pouvant prendre sur moi seul la responsabilité d'une décision, je rapporterais en toute sincérité et objectivité son argumentation au Président du Conseil.

SONNINO.

N° 47.

Le Ministre des Affaires Étrangères, à l'Ambassadeur du Roi, à Vienne.

(*Télégramme.*) Rome, le 17 mars 1915.

Le Baron Burian, en se refusant à consentir à l'exécution immédiate, a déclaré « que la réalisation des compensations par un des contractants devait avoir lieu en même temps que les avantages de l'autre contractant seraient assurés à ce dernier ». Mais la question ainsi posée enlève toute valeur au point primordial, qui paraissait acquis, de cessions territoriales faites à nous à titre de compensation en échange de la liberté d'action à accorder à l'Autriche-Hongrie, pour toute la durée de la guerre, quels que soient les résultats de cette dernière. En subordonnant les compensations aux avantages, on enlèverait à l'accord ce caractère de « forfait[1] » préventif et définitif qu'on voulait lui donner. L'exécution immédiate, par contre, est logiquement impliquée dans un accord ainsi conçu.

Le Baron Burian aurait dit « que le Gouvernement Impérial et

1. En français dans le texte.

Royal ne pouvait certainement décider durant la guerre du sort des populations dont les fils combattaient à l'heure même pour l'intégrité de la Monarchie ».

Il n'est pas possible que cette affirmation rende exactement la pensée intime du Baron Burian car, autrement, il serait inutile de négocier un accord concernant la cession de territoires déjà en possession de la Monarchie, étant donné que la partie cédante ne croirait pas pouvoir décider de ces cessions et du sort des populations respectives.

En ce qui concerne l'exécution immédiate des accords, le Gouvernement Impérial et Royal ayant accepté cette condition que lesdits accords soient rendus publics dès leur conclusion, je ne me rends pas très bien compte de la raison de son refus obstiné à admettre leur prompte réalisation. L'effet moral et politique que les cessions de territoires pourraient produire sur la population austro-hongroise en général, et sur celle de Vienne en particulier (se reporter aux dires du Prince de Bülow), s'atténuera dès le lendemain de leur divulgation; d'autre part, pour ce qui est de la défense générale de l'Empire, toute diminution provoquée dans les lignes des combattants par le renvoi des soldats provenant des territoires cédés, serait plus que compensée par la libre disposition des troupes restantes, la conclusion des accords entraînant un accroissement de sécurité.

SONNINO.

N° 48.

Le Ministre des Affaires Étrangères,
aux Ambassadeurs du Roi, à Berlin et à Vienne.

(Télégramme.) Rome, le 17 mars 1915.

Le Prince de Bülow étant venu me voir aujourd'hui a commencé par signaler le grave danger que les pourparlers entre l'Autriche-Hongrie et l'Italie avortent à cause de la condition posée par nous de l'immédiate exécution. Il a déclaré ensuite que l'Empereur d'Allemagne pourrait aussi garantir l'exécution de l'accord pour après la guerre.

J'ai répondu en développant les diverses raisons pour lesquelles nous devons persister dans notre demande, raisons qui tiennent compte des conditions générales de l'opinion en Italie, ainsi que de celles existant en Autriche. Je lui ai fait remarquer combien il était difficile de trouver un terrain ferme pour les négociations avec l'Autriche-Hongrie, en lui rappelant les paroles dites le 15 courant par le Baron Burian au Duc Avarna, et desquelles il semble ressortir qu'il veuille toujours subordonner la cession de territoires autrichiens à l'Italie à l'obtention effective d'avantages par l'Autriche-Hongrie à la fin d'une guerre victorieuse. Le Prince de Bülow a rédigé la note suivante :

« Le Baron Sonnino me fait observer que l'avantage que réaliserait l'Autriche-Hongrie dès à présent par suite de l'accord, consiste dans la sécurité qu'elle obtiendrait par suite de la neutralité de l'Italie durant toute la guerre. Le Baron Burian, par contre, semble subordonner toute cession effective de territoires à l'Italie à la condition que l'Autriche réalise effectivement des acquisitions territoriales et d'autres avantages à la fin de la guerre.

« La manière de voir du Baron Burian rend impossible un accord tel que l'entendrait le Baron Sonnino, à savoir un accord ayant un caractère de « forfait[1] » : cession de territoires actuellement autrichiens, d'une part, contre garantie de neutralité pour la durée de la guerre de l'autre, quelle que puisse être l'issue de la guerre. »

J'ai dit au Prince de Bülow que tout en ne voulant rien brusquer, je ne prendrais néanmoins plus aucune initiative et ne ferais pas de propositions; si le Gouvernement austro-hongrois désirait qu'on aboutît à une conclusion, qu'il fît des propositions nettes et claires, les plus larges possibles, pour rendre probable une réussite.

Le Prince de Bülow a dit qu'il en référerait à Berlin.

SONNINO.

N° 49.

Le Ministre des Affaires Étrangères,
aux Ambassadeurs du Roi, à Berlin et à Vienne.

(*Télégramme.*) Rome, le 20 mars 1915.

Le Prince de Bülow m'informe, suivant les instructions du Chancelier de Bethmann-Hollweg, après avoir été reçu par l'Empereur Guillaume, avoir été chargé de déclarer que le Gouvernement Impérial allemand assume à l'égard du Gouvernement Royal d'Italie la pleine et entière garantie, que la convention à conclure entre l'Italie et l'Autriche-Hongrie sera mise à exécution fidèlement et loyalement dès la conclusion de la paix.

En outre, M. de Jagow lui a fait la communication suivante : Le bruit aurait couru que l'Autriche-Hongrie, à l'heure présente, ne voudra pas encore d'un accord avec l'Italie et désirerait traîner en longueur les négociations y relatives. M. de Jagow est convaincu qu'il n'y a rien de vrai dans ce bruit. L'Empereur François-Joseph, après avoir pris cette grave résolution, s'y tiendra loyalement. L'Ambassadeur, M. de Tschirsky, lui avait télégraphié de Vienne que le Baron Burian avait sincèrement l'intention d'arriver le plus vite possible, sur la base d'une cession de territoire, à un arrangement avec l'Italie comme base de rapports de confiance et d'amitié entre les deux pays dans l'avenir.

Quant aux garanties à donner à l'Italie pour une exécution fidèle du Traité, il est prêt à discuter encore avec le Duc Avarna. Selon M. de Jagow, « il est incontestable que le Baron Burian est disposé aux cessions de territoire, et en échange (*Gegenleistung*[2]), il ne demande que la renonciation de l'Italie aux demandes basées sur

1. En français dans le texte.
2. En allemand dans le texte.

l'article VII ». M. de Jagow ajoute qu'à son avis on aurait trouvé de cette façon la base pour les négociations, ceci restant entendu que l'Autriche-Hongrie consent à céder une partie du territoire austro-hongrois et qu'elle ne demande à l'Italie autre chose que le maintien de la neutralité absolue durant la guerre.

Il a l'impression que les paroles du Baron Burian relatives au Dodécanèse, et ses autres propos de teneur incertaine, exprimaient plutôt, dans son intention, ses points de vue en ce qui concerne le passé, et qu'ils n'avaient pas de valeur pratique.

Le Prince de Bülow nous exhortait à faire reprendre les conversations entre le Baron Burian et le Duc Avarna à Vienne.

J'ai répondu en faisant de nouveau valoir quelques-unes des principales raisons déjà exposées dans notre dernier entretien, et qui rendaient indispensable la mise à exécution immédiate de l'accord qu'on aurait conclu.

SONNINO.

N° 50.

Le Ministre des Affaires Etrangères,
aux Ambassadeurs du Roi, à Berlin et à Vienne.

(*Télégramme.*) Rome, le 20 mars 1915.

Le Baron Macchio m'a demandé à quel point en sont les choses à Vienne.

Je lui ai raconté la marche des pourparlers jusqu'à ce jour : que la question de la mise à exécution immédiate ou ajournée de l'accord avait tout arrêté. Que le Prince de Bülow avait suggéré l'idée de laisser ce point en suspens et de discuter d'abord sur les autres points. Je ne m'y opposais pas, en gardant cependant la crainte que, la question de la mise à exécution restant sans solution, nous ne continuions toujours à discuter en l'air. De toute façon, je consentais à la reprise des conversations à Vienne, si le Baron Burian faisait des propositions précises et concrètes sur lesquelles la discussion pût évoluer.

Le Baron Macchio croyait utile de trancher d'abord la question de la mise à exécution durant ou après la guerre. Il insistait sur l'impossibilité qu'elle fût immédiate. Je lui signalai diverses difficultés très graves s'opposant à l'ajournement de la mise à exécution. Je lui exposai la question relative à la nécessité de l'approbation parlementaire. A la fin de la guerre, la partie qui se serait engagée à la neutralité aurait déjà tenu tous les engagements qu'elle devait et pouvait tenir, son Parlement dût-il approuver ou non l'œuvre du Gouvernement; l'autre partie, par contre, n'aurait rien fait, si ce n'est d'assumer un engagement de cession territoriale soumis à la condition du consentement parlementaire, engagement qui se réduirait à néant si ce consentement venait à être refusé.

Je signalai aussi l'autre question, très grave aussi, des soldats qui devraient continuer à se battre pour une cause qui ne serait plus la leur. Comment l'opinion publique pourrait-elle la supporter? Avec le système territorial en vigueur en Autriche, le renvoi des soldats par régions de provenance était plus facile.

Le Baron Macchio reconnut la justesse de ma manière de voir dans la première question relative à la subordination de l'engagement à la sanction parlementaire; il en référerait au Baron Burian pour que celui-ci imaginât et proposât d'autres garanties.

Pour ce qui est des soldats, il dit que leur renvoi durant la guerre désorganiserait l'armée. Il y aurait en outre beaucoup de difficultés d'ordre administratif au transfert de territoires durant les hostilités.

Il termina en disant qu'il se proposait de reprendre ces conversations, qui pourraient avoir leur utilité, bien que le Baron Burian entendît que les pourparlers fussent conduits à Vienne.

SONNINO.

N° 51.

L'Ambassadeur du Roi, à Vienne,
au Ministre des Affaires Étrangères.

(*Télégramme.*) Vienne, le 21 mars 1915.
Reçu le 21.

J'ai communiqué au Baron Burian le contenu des télégrammes de Votre Excellence en m'entretenant avec lui dans le sens de ces télégrammes.

Le Baron Burian a fait remarquer avant tout que la phrase prononcée par lui dans notre entretien du 15 courant, aux termes de laquelle « la réalisation des compensations par l'un des contractants devait avoir lieu en même temps que les avantages de l'autre contractant seraient assurés à celui-ci », avait donné lieu de la part de Votre Excellence à une équivoque dont il avait déjà été informé par l'Ambassadeur d'Allemagne à Vienne.

Aussi a-t-il expliqué que, dans sa pensée, l'expression « en même temps » (*simultanea*) ne devait pas être interprétée dans ce sens que les compensations à attribuer à un des contractants fussent subordonnées aux avantages retirés par l'autre. A ce propos, il m'a déclaré que si l'accord était conclu maintenant, c'est-à-dire avant toute action militaire de l'Autriche-Hongrie dans les Balkans, les stipulations de l'accord se rapportant tacitement aux compensations conserveraient leur validité et seraient réalisées à la fin de la guerre, indépendamment des résultats de ladite action militaire.

Le Baron Burian m'a informé ensuite qu'il prendra en considération l'idée d'un accord ayant caractère de « forfait[1] », conçu dans les termes mêmes indiqués par Votre Excellence, mais qu'il ne pouvait se prononcer sur cette idée, ni même l'accepter en principe, avant de connaître dans leur détail les demandes du Gouver-

1. En français dans le texte.

nement Royal relatives à l'objet des compensations et avant d'avoir lui-même l'occasion de formuler de son côté ses conditions.

Quant à l'affirmation de Votre Excellence que l'exécution immédiate était logiquement impliquée dans un accord de ce genre, le Baron Burian a déclaré qu'il ne pouvait admettre la justesse de ce corollaire.

Il persistait d'ailleurs à affirmer que, pour les raisons exposées dès le commencement, la cession de territoires de la Monarchie qui serait faite en vertu de l'accord à stipuler, ne pouvait être effectuée qu'après la conclusion de la paix.

Pour ce qui concerne la sanction par les Parlements autrichien et hongrois, le Baron Burian a déclaré que l'approbation par les Parlements de l'accord qui serait convenu ne faisait aucun doute, ceux-ci ne pouvant repousser un acte advenu en vertu des pleins pouvoirs conférés à Sa Majesté l'Empereur.

Le Baron Burian, ayant été informé par moi de ce que Votre Excellence a signifié au Prince de Bülow, m'a dit qu'il faisait la proposition d'entrer en négociations avec le Gouvernement Royal, ce qu'il avait déjà fait savoir au Baron Macchio. Il priait donc Votre Excellence de vouloir bien suivre le programme qu'elle s'était proposé dans le temps, c'est-à-dire de formuler ses demandes; de son côté, il lui ferait connaître ses réponses et ses conditions.

Et il a ajouté qu'il espérait voir Votre Excellence revenir sur sa décision de ne prendre aucune initiative et de ne pas faire de propositions, décision qu'il supposait motivée par le malentendu désormais éclairci.

AVARNA.

N° 52.

Le Ministre des Affaires Étrangères,
à l'Ambassadeur du Roi, à Vienne.

(*Télégramme.*) Rome, le 22 mars 1915.

Je prends acte des éclaircissements fournis par le Baron Burian au sujet de quelques-uns de ses propos précédents qui donnaient lieu à des interprétations douteuses, ainsi que de sa proposition formelle d'entrer en négociations avec le Gouvernement Royal.

Je regrette cependant qu'il ne se rende pas pleinement compte de la réelle impossibilité pour tout Gouvernement en Italie d'assumer de bonne foi des engagements entravant sa liberté d'action pour un laps de temps, indéfini pour le moment, mais certainement long, en échange des seules promesses de cessions territoriales, qui ne devraient être effectuées qu'à la fin de la présente guerre. Il paraît en outre évident que la perspective d'une exécution immédiate appuierait fortement dans l'opinion publique la thèse préconisant la modération dans les demandes de cessions, tandis que tout ajournement inciterait à des exigences plus grandes.

Malgré tout cela, je me déclare prêt, comme j'en ai déjà informé le Prince de Bülow et le Baron Macchio, à examiner sérieusement toute proposition concrète que voudra nous faire le Gouvernement Impérial et Royal, et, dans l'intention de faciliter la discussion, j'ajoute que je serais aussi disposé à considérer comme n'ayant jamais été faite et nulle au point de vue de ses conséquences pour l'avenir, toute proposition mise en avant, mais sur laquelle l'accord ne serait pas fait.

SONNINO.

N° 53.

Le Ministre des Affaires Étrangères,
aux Ambassadeurs du Roi, à Berlin et à Vienne.

(*Télégramme.*) Rome, le 23 mars 1915.

Le Baron Macchio, que j'ai vu ce matin, m'a dit avoir reçu deux télégrammes du Baron Burian relatifs aux conversations qu'il a eues avec le Duc Avarna. Ils concordent avec le rapport de celui-ci. Le Baron Burian est d'avis que, l'équivoque au sujet des paroles prononcées par lui antérieurement étant éclaircie, je dois formuler les demandes de l'Italie, d'autant plus que l'exécution de l'accord à la fin de la guerre serait garantie aussi par l'Allemagne.

Je lui ai répondu que je m'en tenais à l'exposé de la situation fait hier encore au Duc Avarna dans mon télégramme. Je prends acte de la proposition du Baron Burian d'ouvrir des négociations, gardant cependant tous mes doutes sur la possibilité d'arriver à une entente, tant qu'on ne se sera pas mis d'accord sur l'exécution immédiate de ce qui aurait été convenu; je ne puis donc pour le moment faire des propositions ni prendre des initiatives. Mais j'écouterai et j'examinerai avec soin toute proposition que voudra mettre en avant le Baron Burian; je me déclare en outre prêt, afin de lui faciliter la chose, de considérer comme n'ayant pas été faite toute proposition qui ne serait pas accueillie, et de garder le secret sur ces propositions et sur les négociations y relatives.

Puis j'ai à nouveau exposé au Baron Macchio, dans une conversation amicale, les nombreuses raisons d'ordre pratique justifiant la grande importance accordée par le Gouvernement Royal à la question de l'exécution immédiate de tout accord, c'est-à-dire du transfert immédiat des territoires qu'aux termes de l'accord l'Autriche-Hongrie devait céder à l'Italie; par là nous serions en outre tout à fait sûrs de pouvoir maintenir, pour toute la durée indéterminée de la guerre, l'engagement de neutralité que nous aurions pris.

L'Autriche-Hongrie compte aujourd'hui dans les territoires dont il peut être question un nombre de soldats supérieur à celui qu'elle aurait à licencier le jour où ces territoires seraient cédés effectivement. Étant donné le système de recrutement régional, il ne serait même pas plus difficile de concentrer rapidement dans lesdits territoires tous les soldats appartenant par naissance ou résidence, qu'il ne le serait de renvoyer dans ses foyers une classe. Aussi cela ne peut-il désorganiser l'armée. D'autre part, le maintien sous les armes, par l'Empire, de 40 à 50 000 hommes appartenant aux territoires dont la cession à l'Italie serait déjà décrétée, donnerait lieu à mille incidents quotidiens, à des difficultés inouïes et à une continuelle agitation dans l'opinion publique.

La question parlementaire austro-hongroise n'était pas non plus de peu d'importance. Il est possible que l'opinion publique se résigne à accepter la cession de territoires en échange de l'avantage d'acquérir par là une plus grande liberté d'action et de ne pas avoir à défendre toute une ligne de frontières, mais elle ne l'accepterait qu'aussi longtemps que durerait l'espoir d'obtenir la victoire.

Je veux croire que l'Autriche, victorieuse, tiendrait fidèlement à la fin de la guerre l'engagement pris par elle dans la convention qui lui aurait en quelque sorte aidé à triompher, mais il est contraire à la nature humaine que la population autrichienne, et avec elle le Parlement, le jour où l'Autriche sortirait vaincue de la guerre et où elle devrait céder à l'ennemi victorieux quelques provinces, ne s'élevât contre l'abandon d'autres territoires, au profit de ceux qui n'aurait pas pris part à la lutte, et les faits démontrant que leur abstention n'avait pas suffi pour assurer l'issue heureuse de la guerre. La garantie de l'Allemagne est valable pour le cas d'une Allemagne victorieuse, ce qui présuppose aussi la victoire de l'Autriche-Hongrie, mais elle serait de moindre valeur dans l'hypothèse d'une défaite des deux Empires.

SONNINO.

N° 54.

L'Ambassadeur du Roi, à Vienne,
au Ministre des Affaires Étrangères.

(*Télégramme.*) Vienne, le 24 mars 1915.
Reçu le 24.

Le Baron Burian a relevé l'inexactitude de cette affirmation que la cession de territoires devant être faite après la guerre fût soumis à la condition et dépendît de l'approbation que les Parlements d'Autriche-Hongrie donneraient à l'accord stipulé à ce sujet entre les deux Gouvernements. Comme tout traité international devait être sanctionné par les Parlements de la Monarchie, il était nécessaire que l'accord susdit fût soumis à leur approbation. Mais cette dernière n'était pas une condition pour sa validité à l'égard de l'Italie, et ne constituait pas une condition de son exécution.

Quant à l'approbation de l'accord par les Parlements, elle n'était aucunement à mettre en doute pour les raisons qu'il m'avait exposées au cours de la conversation du 20 courant. Pour ce qui concerne l'autre très grave question des soldats devant continuer à combattre pour une cause qui n'était plus la leur, le Baron Burian

m'a affirmé que ce point formait l'objet de ses réflexions et que nous pourrions en parler dans nos conversations ultérieures.

Le Baron Burian m'a fait savoir ensuite que M. de Tschirsky l'avait informé de la pleine et entière garantie assumée par le Gouvernement allemand à l'égard du Gouvernement Royal que la convention à conclure entre l'Italie et l'Autriche-Hongrie sera mise à exécution fidèlement et loyalement dès la conclusion de la paix. Le Baron Burian m'a donc déclaré qu'il consentait à faire des propositions concrètes, sous réserve de l'autorisation à obtenir de Sa Majesté l'Empereur, et qu'il m'informerait dès qu'il l'aurait obtenue. Il était aussi disposé, à l'instar de Votre Excellence, à considérer de son côté comme n'ayant jamais été faite et nulle au point de vue de ses conséquences pour l'avenir toute proposition, mise en avant, mais sur laquelle l'accord ne se serait pas fait entre les deux Gouvernements. En ce qui concerne enfin la question de la mise à exécution immédiate de l'accord à conclure, le Baron Burian m'a exprimé son regret de ne pouvoir de son côté partager la manière de voir de Votre Excellence là-dessus. A ses yeux, en effet, on ne pouvait qualifier de simple promesse un accord dûment conclu et signé par les deux Gouvernements sous stricte observation de toutes les formalités requises pour donner à cet accord le caractère d'une convention internationale.

Et il a ajouté ne pouvoir pas davantage partager l'opinion de Votre Excellence que le Gouvernement Royal serait le seul à avoir pris un engagement sérieux, en entravant sa liberté d'action pour un temps indéfini. L'Autriche-Hongrie elle aussi assumerait de son côté, en signant l'accord, de non moins sérieux engagements pour l'avenir, lesquels par le seul fait de leur publicité la lieraient avec une égale efficacité, indépendamment d'ailleurs de toute mesure qui aurait été reconnue d'un effet utile et pratique au cours des « pourparlers[1] ».

Comme Votre Excellence le voit, le Baron Burian a persisté cette fois encore dans son intention d'ajourner au lendemain de la paix la cession effective des territoires à céder.

Je crains que nous ne parvenions difficilement à le convaincre des raisons nous obligeant absolument à exiger que cette cession se fasse dès la conclusion de l'accord.

AVARNA.

N° 55.

L'Ambassadeur du Roi, à Vienne,
au Ministre des Affaires Étrangères.

(*Télégramme.*) Vienne, le 24 mars 1915.
Reçu le 25.

Comme je m'étais rendu, à la demande du Baron Burian, au Ballplatz, il m'a dit qu'il m'avait prié de venir le voir pour m'informer

1. En français dans le texte.

qu'il avait été autorisé par Sa Majesté l'Empereur à faire des propositions précises et concrètes sur lesquelles pourraient porter nos entretiens. Il se proposait donc de me faire connaître « aussitôt que possible[1] » ses propositions, et il me prierait, dans ce but, de venir le voir de nouveau.

AVARNA.

N° 56.

L'Ambassadeur du Roi, à Vienne,
au Ministre des Affaires Étrangères.

(*Télégramme.*) Vienne, le 27 mars 1915.
Reçu le 28.

Comme je m'étais rendu à la demande du Baron Burian au Ballplatz, il m'a dit que les « pourparlers[1] » amicaux, en cours depuis plusieurs mois entre l'Italie et l'Autriche-Hongrie afin de consolider leurs rapports réciproques en les basant sur une entière bonne foi et tendant à éliminer toute cause de heurts pour rendre ainsi possible leur collaboration vers des buts de politique générale, avaient fait reconnaître aux deux Gouvernements l'opportunité d'un accord pour la conclusion duquel il proposait les stipulations suivantes :

1° L'Italie s'engagerait à observer, jusqu'à la fin de la guerre actuelle, à l'égard de l'Autriche-Hongrie et de ses alliés, une neutralité bienveillante au point de vue politique et économique.

2° Dans cet ordre d'idées, l'Italie prendrait en outre l'engagement, pour toute la durée de la guerre actuelle, de laisser à l'Autriche-Hongrie pleine et entière liberté d'action dans les Balkans et de renoncer par avance à toute nouvelle compensation pour les avantages territoriaux ou autres, pouvant résulter pour l'Autriche-Hongrie de cette liberté d'action.

Cette stipulation ne s'étendrait cependant pas à l'Albanie, pour laquelle l'accord existant entre l'Autriche-Hongrie et l'Italie, ainsi que les décisions de la conférence de Londres, resteraient en vigueur.

Le Baron m'a fait savoir ensuite que, de son côté, l'Autriche-Hongrie serait prête à une cession de territoires dans le Tirol méridional, y compris la ville de Trente. Le détail de la délimitation serait déterminé de façon à tenir compte des exigences stratégiques créées pour la Monarchie par une nouvelle frontière et des besoins économiques des populations.

Comme je lui faisais observer, à titre d'opinion personnelle, qu'une semblable proposition me semblait plutôt vague, le Baron Burian, a répondu qu'à son avis il était nécessaire, avant tout, de faire connaître en principe l'objet de la cession que l'Autriche-Hongrie était disposée à faire, sans entrer pour le moment dans les détails qu'il était cependant prêt à communiquer à Votre Excellence, à peine l'eût-elle désiré. Le Baron Burian a ajouté ensuite que la

1. En français dans le texte.

susdite cession de territoires par l'Autriche-Hongrie impliquerait pour l'Italie l'obligation d'assumer la quote-part, revenant au territoire en question, de la dette publique austro-hongroise et des dettes provinciales, municipales et d'autre sorte, en tant que ces dernières jouissent d'une garantie de l'État. L'Italie devrait se charger également du paiement à l'Autriche-Hongrie d'une somme globale à titre d'indemnité pour toutes les dépenses faites par l'État dans le territoire à céder, indépendamment de l'acquisition des voies ferrées se trouvant dans ce territoire et des indemnisations collectives et individuelles (propriétés ecclésiastiques, majorats, pensions aux anciens fonctionnaires, etc.).

Comme je demandais au Baron Burian des explications sur ce dernier point, il m'a répondu qu'il y avait lieu d'établir des conditions pour garantir dès à présent les droits acquis des ecclésiastiques.

Le Baron Burian, poursuivant, m'a déclaré que sitôt l'accord établi en principe, sur les bases susdites, l'Autriche-Hongrie et l'Italie entreraient en discussion sur les détails.

L'entente définitive résultant des discussions serait consignée dans une convention secrète à conclure entre l'Autriche et l'Italie. J'ai rappelé au Baron Burian mes déclarations antérieures, que l'accord dès sa conclusion, loin de rester secret, devait être rendu effectif par le transfert, de fait, des territoires cédés et par leur occupation immédiate par l'Italie. Et je lui ai exposé à ce propos les diverses considérations déjà développées par moi dans les entretiens précédents, et dont Votre Excellence avait aussi entretenu récemment le Baron Macchio.

A quoi le Baron Burian a répondu que, malgré mes observations, il croyait devoir faire à Votre Excellence la susdite proposition, quitte à répondre ensuite aux propositions qu'Elle lui aurait faites à ce sujet.

Le Baron Burian m'a informé que la transaction en question rendra également nécessaire la revision de certains traités existant entre les deux Puissances, ceux par exemple concernant les nouveaux raccordements des voies ferrées, les dispositions relatives au trafic de frontière, la navigation sur le lac de Garde, etc.

J'ai dit au Baron Burian que je ne manquerais pas de communiquer à Votre Excellence les propositions qu'il croyait devoir faire pour la conclusion de l'accord devant intervenir entre les deux Gouvernements.

Bien que le Baron Burian ait évité de faire connaître en quoi consisterait la cession de territoires dans le Tirol méridional, que le Gouvernement Impérial et Royal serait prêt à faire, j'ai pu cependant comprendre que celle-ci ne s'étendrait pas fort au delà de Trente.

Avarna.

N° 57.

L'Ambassadeur du Roi, à Pétrograd,
au Ministre des Affaires Étrangères.

(*Télégramme.*) Pétrograd, le 29 mars 1915.
Reçu le 29.

Il m'a été assuré de source irrécusable qu'une sérieuse tentative de paix a été faite auprès du Gouvernement russe par une personne parlant au nom du Gouvernement austro-hongrois.

CARLOTTI.

N° 58.

Le Ministre des Affaires Étrangères,
à l'Ambassadeur du Roi à Vienne.

(*Télégramme.*) Rome, le 31 mars 1915.

Après avoir examiné avec soin les propositions mises en avant par le Baron Burian comme base d'un accord, je les trouve d'une part trop vagues et incertaines, d'autre part absolument insuffisantes, pour atteindre réellement le but que se proposent les deux parties, c'est-à-dire de créer une situation qui, en consolidant leurs rapports réciproques et en éliminant toutes causes de heurts, rende possible leur coopération amicale pour des buts communs de politique générale.

Je laisse de côté, pour le moment, la très grave question relative à l'exécution immédiate ou ajournée de l'accord éventuel, quel que grand que soit le contre-coup inévitable de celle-ci, selon les différentes solutions apportées, sur la vertu même des conventions à conclure.

De la part de l'Italie, le Baron Burian exige en premier lieu l'engagement d'observer une neutralité bienveillante au point de vue politique et économique. Il convient de s'entendre clairement sur ce point. S'il fallait entendre par ces paroles l'engagement de continuer à maintenir une parfaite et sincère neutralité, telle que nous l'avons observée jusqu'ici, je n'aurais rien à objecter; mais je dois attirer l'attention sur ce fait que la situation de l'Italie dans la Méditerranée lui interdit de favoriser d'aucune manière l'un des groupes belligérants, ce qui pourrait provoquer des représailles de la part de l'autre qui domine la mer, si elle ne peut pas mettre en danger toute sa vie économique en faisant ressentir à la population tous les dommages mêmes d'une guerre, ou se trouver entraînée malgré elle dans la lutte.

Le Baron Burian demande, en outre, que, dans l'Albanie, reste en vigueur l'accord existant entre l'Autriche-Hongrie et l'Italie, ainsi que les décisions de la conférence de Londres.

Or il est impossible à l'Italie d'accorder à l'Autriche-Hongrie liberté d'action dans les Balkans, sans obtenir, de son côté, que l'Autriche-Hongrie se désintéresse complètement de l'Albanie.

Passant à l'objet même de la cession offerte, je me bornerai à toucher rapidement quelques-unes des questions moins importantes et secondaires indiquées par le Baron Burian, car il est impossible de les discuter avec profit avant l'accord sur le point principal, celui de l'étendue des territoires à céder.

Je ne comprends pas comment peut se justifier la demande d'une somme globale, en compensation des dépenses faites par l'État dans les territoires à céder. Ces dépenses, en tant qu'elles ne furent pas payées avec l'argent des impôts prélevés sur ces territoires, le furent forcément par émission de dette publique, en suite de quoi elles sont couvertes par la quote-part de la dette publique que nous assumerions.

En outre, quand le Baron Burian parle de dette publique, à laquelle doit être proportionnée la quote-part à assigner à l'Italie, à quelle époque entend-il se référer? A la dette, telle qu'elle était au début de la guerre? ou bien telle qu'elle est au moment de l'accord sur la cession? ou bien telle qu'elle sera le jour de la fin de la guerre, jour auquel le Baron Burian voudrait remettre l'exécution de l'accord? J'observe que pour pouvoir espérer arriver à une entente dans ce genre de questions, il est absolument nécessaire de baser la discussion sur des chiffres globaux, précis et fixes.

Des expressions employées par le Baron Burian, je n'arrive même pas à inférer quelle serait l'étendue du territoire qu'il nous offre dans le Tirol méridional. Même indépendamment de tout jugement sur la possibilité de réduire la compensation à une cession dans le seul Tirol, la phrase employée par le Baron Burian où il mentionne la seule ville de Trente, ajoutant que, pour entrer davantage dans les détails, il fallait tenir compte des exigences stratégiques de la Monarchie et des besoins économiques des populations, m'apparaît si sibylline, que je ne puis comprendre ce que le Gouvernement Impérial et Royal entend, en vérité, nous offrir. Et le fait d'avoir parlé ensuite de la convention relative à la navigation sur le lac de Garde, rend l'offre encore plus incertaine, puisqu'il semble impliquer qu'après la cession du Tirol méridional, le territoire Impérial doive encore s'étendre jusqu'au lac.

Si l'on veut, en outre, créer véritablement des rapports de concorde et de cordialité entre les deux États en vue d'une coopération éventuelle vers des buts communs de politique générale, il est indispensable d'éliminer à jamais toute base réelle sur laquelle puissent se reproduire de fréquents sursauts d'irrédentisme et de constituer, en outre, dans les frontières entre les deux États et dans l'Adriatique, des conditions plus grandes de parité et de sécurité commune; pour y arriver, il ne suffit certainement pas de la seule cession d'une bande de terrain dans le Trentin.

Pour ces raisons, je répète que, même indépendamment de la question de l'exécution plus ou moins prompte de l'accord éventuel, je dois juger par trop insuffisantes, comme base de négociations, les propositions du Baron Burian, en tant qu'elles ne donnent pas assez de satisfaction aux aspirations nationales, qu'elles n'améliorent pas d'une façon appréciable nos conditions militaires, et qu'elles ne représentent pas une compensation adéquate à la liberté d'action accordée durant la présente guerre dans les Balkans, dont le sort ne laisse pas de représenter pour l'Italie un intérêt politique et économique de premier ordre.

SONNINO.

N° 59.

Le Ministre des Affaires Étrangères,
à l'Ambassadeur du Roi, à Vienne.

(*Télégramme.*) Rome, le 1er avril 1915.

Le Ministre du Roi à Cettigné télégraphie ce qui suit :

« Cette nuit aéroplane lancé plusieurs bombes produisant dommages non graves et blessant quatre personnes. Deux bombes tombées dans le voisinage du Palais Royal. Population très alarmée. »

Je prie Votre Excellence de s'entretenir avec le Baron Burian conformément aux instructions contenues dans mon télégramme du 4 mars (Document n° 36).

SONNINO.

N° 60.

L'Ambassadeur du Roi, à Vienne,
au Ministre des Affaires Étrangères.

(*Télégramme.*) Vienne, le 2 avril 1915.
Reçu le 2.

J'ai communiqué au Baron Burian le résultat de l'examen attentif auquel Votre Excellence avait soumis les propositions formulées par lui comme base d'un accord et, en m'entretenant avec lui dans le sens du télégramme de Votre Excellence je lui ai fait savoir qu'elle avait trouvé ces propositions vagues, incertaines et absolument insuffisantes pour atteindre le but que les deux Puissances alliées se proposaient. Le Baron Burian m'a expliqué qu'en demandant à l'Italie de prendre l'engagement d'observer une neutralité bienveillante au point de vue économique, il avait voulu se référer aux dispositions de l'article IV du Traité d'Alliance, mais que par cette demande il n'avait nullement voulu dire que l'Italie dût agir de façon à pouvoir s'exposer aux dangers de représailles de la part des autres États belligérants.

Quant à la demande formulée par Votre Excellence que l'Autriche-Hongrie se désintéressât complètement de l'Albanie, le Baron Burian a fait observer que cela était contraire aux intérêts de la Monarchie, reconnus par l'Italie elle-même du fait des engagements pris par les deux Puissances en vertu de l'entente mentionnée. C'est pourquoi l'Autriche-Hongrie ne pouvait consentir à cette demande.

Le Baron Burian a reconnu ensuite que le règlement matériel des questions relatives aux dépenses faites par l'Etat dans les territoires à céder et à la Dette publique, à laquelle il fallait proportionner la quote-part à assigner à l'Italie, était chose subordonnée complètement au point essentiel, c'est-à-dire à l'étendue des territoires à céder.

Il était donc inutile de s'occuper en ce moment de ces questions qui seront examinées en temps opportun et en détail et elles n'empêcheront pas les deux Gouvernements d'arriver à une entente dans cette affaire. Se référant ensuite à mon observation que des expressions employées par lui Votre Excellence n'était pas arrivée à inférer quelle serait l'étendue du territoire offert dans le Tirol méridional, le Baron Burian m'a remis un bref aide-mémoire indiquant les limites de cette cession. Et il a ajouté qu'il s'était déjà proposé de me faire tenir cet aide-mémoire aujourd'hui même avant que je lui eusse demandé audience, comme suite à sa communication de samedi dernier.

Je transcris ci-dessous le texte de cet aide-mémoire :

« Les territoires que l'Autriche-Hongrie serait disposée à céder à l'Italie aux conditions indiquées comprendraient les districts (*Politische Bezirke*[1]) de Trente, Rovereto, Riva, Tione (à l'exception de Madonna di Campiglio et de ses alentours), ainsi que le district de Borgo. Dans la vallée de l'Adige, la frontière remonterait jusqu'à Lavis, localité qui appartiendrait à l'Italie. »

Revenant ensuite sur la phrase prononcée par lui dans notre entretien de samedi, et reproduite dans le télégramme de Votre Excellence, qu'il convenait de tenir compte des exigences stratégiques et des besoins économiques des populations, le Baron Burian a observé qu'il avait parlé de ces deux éléments parce qu'il était nécessaire de les prendre en considération dans la délimitation de la frontière, non seulement dans l'intérêt de l'Autriche-Hongrie mais encore de l'Italie. Quant à la mention faite par lui de la convention relative à la navigation sur le lac de Garde, le Baron Burian m'a dit avoir cru bon de faire cette mention parce que cette convention, comme les autres existant entre les deux pays, et concernant le commerce limitrophe, devaient être soumises à une revision et que celle relative au lac de Garde cesserait d'être en vigueur, le lac de Garde étant compris dans les territoires à céder à l'Italie.

Le Baron Burian m'a affirmé ensuite qu'il était d'accord avec les déclarations de Votre Excellence sur l'opportunité de créer réellement des rapports de concorde et de cordialité entre les deux États, en vue d'une coopération éventuelle vers des buts communs de politique générale. Cela répondait entièrement à sa manière de voir et, à plusieurs reprises, il s'était exprimé dans ce sens, mais il lui était difficile de suivre la pensée de Votre Excellence quand elle parlait de la possibilité de voir se reproduire des sursauts d'irré-

1. En allemand dans le texte.

dentisme, et de constituer dans les frontières entre les deux Etats et dans l'Adriatique des *conditions de plus grande et de commune* sécurité. Et il a ajouté qu'on ne pouvait certainement pas parler de la cession d'une bande de territoire dans le Tirol méridional, alors qu'il offrait tous les districts formant ce qu'on appelle communément le Trentin.

Comme je lui avais répété enfin les déclarations de Votre Excellence dans la dernière partie du télégramme de Votre Excellence, le Baron Burian a manifesté l'espoir que Votre Excellence, après avoir pris connaissance de l'étendue du territoire proposé par lui, changerait d'avis sur l'importance de la cession laquelle n'était pas une bande de territoire.

AVARNA.

N° 61.

L'Ambassadeur du Roi, à Berlin,
au Ministre des Affaires Étrangères.

(*Télégramme.*) Berlin, le 2 avril 1915.
Reçu le 3.

De plusieurs indices, confirmés expressément encore de source digne de foi, j'infère que l'Allemagne ne se refuserait pas à traiter de la paix avec la Russie.

BOLLATI.

N° 62.

L'Ambassadeur du Roi, à Vienne,
au Ministre des Affaires Étrangères.

(*Télégramme.*) Vienne, le 6 avril 1915.
Reçu le 7.

Le Baron Burian m'a prié aujourd'hui d'aller le voir au Ballplatz. Il m'a demandé si j'avais reçu de Votre Excellence la réponse à ce qu'il m'avait communiqué dans l'entretien du premier courant et, sur ma réponse négative, il m'a exprimé le désir d'adresser à Votre Excellence la prière suivante : Comme Votre Excellence avait trouvé vague et insuffisante sa première proposition et n'avait pas encore répondu à sa proposition précise, il la priait de lui faire connaître à son tour ses propositions pour le mettre à même de chercher les bases d'un accord réciproque sur la question relative aux cessions de territoire.

AVARNA.

N° 63.

Le Ministre des Affaires Étrangères,
à l'Ambassadeur du Roi, à Vienne.

(*Télégramme.*) Rome, le 8 avril 1915.

Des télégrammes de Cettigné rapportent qu'hier un aéroplane a lancé quatre bombes sur Podgoritza faisant des victimes, morts et blessés, parmi lesquelles de nombreux militaires.

Je prie Votre Excellence de s'entretenir avec le Baron Burian conformément aux précédentes instructions, en lui faisant observer que c'est là une nouvelle violation de la part de l'Autriche-Hongrie des accords intervenus entre les deux Gouvernements.

SONNINO.

N° 64.

Le Ministre des Affaires Étrangères,
à l'Ambassadeur du Roi, à Vienne.

(*Télégramme.*) Rome, le 8 avril 1915.

Pour satisfaire au désir que vous a exprimé le Baron Burian, je formule ci-dessous les conditions jugées par le Gouvernement Royal indispensables pour pouvoir créer, entre les deux États, une situation normale et stable de cordialité réciproque et de coopération possible, à l'avenir, vers des buts communs de politique générale.

Votre Excellence développera plus en détail au Ministre Burian les raisons appuyant les diverses propositions, que j'ai formulées en tenant le plus grand compte des différentes observations qui m'ont été faites auparavant au sujet de la situation de l'Empire austro-hongrois.

J'espère que le Gouvernement Impérial voudra nous faire tenir le plus tôt possible une réponse que je souhaite affirmative.

L'article I s'inspire d'un important précédent historique ainsi que de raisons évidentes d'ordre militaire pour la délimitation de la nouvelle frontière.

L'article II se justifie militairement ainsi que par des raisons ethnographiques.

L'article III représente l'unique compromis possible entre les besoins tant de fois proclamés de l'Autriche-Hongrie et ceux du principe national.

L'article IV a pour but d'atténuer dans une faible mesure les conditions pénibles d'infériorité où se trouve l'Italie dans la mer Adriatique.

L'article V représente la condition *sine qua non* pour qu'un accord quelconque puisse être actuellement conclu, aucun Gouvernement en Italie ne pouvant sans cela prendre, de bonne foi, pour toute la durée de la guerre, les engagements dont il est question dans les deux derniers articles X et XI.

Les articles VI et VII font disparaître, pour l'avenir, une cause de heurts et de dissentiments entre les deux États, donnant une légitime protection aux intérêts italiens dans l'Adriatique sans léser les intérêts austro-hongrois.

Ces articles VIII et IX s'expliquent d'eux-mêmes.

Suit le texte des articles.

Article I.

L'Autriche-Hongrie cède à l'Italie le Trentin avec les frontières qu'avait le Royaume italique en 1811, c'est-à-dire après le Traité de Paris du 28 février 1810.

Note à l'article I. — La nouvelle frontière se sépare de la frontière actuelle au mont Cevedale; elle suit dans une partie de son parcours le contrefort entre Val Venosta et Val del Noce; puis elle descend vers l'Adige à Gargazone, entre Meran et Bolzano (Bolzen); elle remonte vers le plateau de la rive gauche, coupe par le milieu la Val Sarentina, la vallée de l'Isarco à la Chiusa et, à travers le territoire dolomitique sur la droite de l'Avisio, laissant en dehors les vallées de Gardona et Badia et, incluant l'Ampezzano, elle rejoint ensuite la frontière actuelle.

Article II.

On procède à une correction, en faveur de l'Italie, de sa frontière orientale, les villes de Gradisca et de Goritz étant comprises dans le territoire cédé. A Troghofel, la nouvelle frontière se sépare de la frontière actuelle en tournant à l'Est jusqu'à l'Osternig et de là descend des Carniques jusqu'à Saifniz. De là par le contrefort entre Seisera et Schliza elle monte au Wirsehberg, puis suit de nouveau la frontière actuelle jusqu'à la crête de Nevea pour descendre les pentes du Rombon jusqu'à l'Isonzo en passant à l'est de Plezzo. Puis elle suit la ligne de l'Isonzo jusqu'à Tolmino, où elle quitte l'Isonzo pour suivre une ligne plus à l'Est, laquelle passant à l'est du plateau Pregona-Planina et suivant le défilé du Chiappovano, descend à l'est de Goritz et à travers le Carso di Comen, aboutit à la mer entre Monfalcone et Trieste à proximité de Nabresina.

Article III.

La ville de Trieste avec son territoire, qui sera prolongé au nord de façon à comprendre Nabresina et à confiner ainsi à la nouvelle frontière italienne (article II), et au sud de façon à comprendre les districts judiciaires actuels de Capo d'Istria et de Pirano, seront constitués en un État autonome et indépendant aux points de vue de la politique internationale, de l'organisation militaire, de la législation, des finances et de l'administration, l'Autriche-Hongrie renonçant à toute souveraineté sur celui-ci. Il devra rester port franc. Aucune force militaire ni austro-hongroise, ni italienne ne pourra y entrer. Il assumera une quote-part de la Dette publique autrichienne actuelle, proportionnée à sa population.

ARTICLE IV.

L'Autriche-Hongrie cède à l'Italie l'archipel de Curzola, comprenant Lissa (avec les îlots voisins de S. Andrea et de Busi), Lesina (avec les Spalinadori et Torcola), Curzola, Lagosta (avec les îlots et récifs voisins), Cazza et Meleda, ainsi que Pelagosa.

ARTICLE V.

L'Italie occupera immédiatement les territoires à elle cédés (articles I, II, IV); et Trieste ainsi que son territoire (article III) seront évacués par les autorités et par les troupes austro-hongroises; les soldats des armées de terre et de mer provenant de ces territoires et de Trieste seront congédiés sans délai.

ARTICLE VI.

L'Autriche-Hongrie reconnaît la pleine souveraineté de l'Italie sur Valona et sur la baie y compris Sasseno, et un territoire dans le *hinterland*[1] aussi étendu que l'exige leur défense.

ARTICLE VII.

L'Autriche-Hongrie se désintéresse complètement de l'Albanie, comprise entre les frontières qui lui ont été assignées par la Conférence de Londres.

ARTICLE VIII.

L'Autriche-Hongrie accordera la complète amnistie et le relâchement immédiat à tous les ressortissants des territoires cédés (articles I, II et IV) et évacués (article III) condamnés ou poursuivis pour des raisons militaires et politiques.

ARTICLE IX.

Pour libérer les territoires cédés (articles I, II et IV) de la quote-part leur revenant dans la Dette publique autrichienne ou austro-hongroise, ainsi que dans la Dette résultant des pensions à payer aux anciens fonctionnaires impériaux et royaux; et en échange de toutes les propriétés domaniales, immobilières ou mobilières, sauf les armes se trouvant dans ces territoires et passant intégralement et immédiatement au Royaume d'Italie; et en compensation de tous les droits de l'État sur ces territoires que ces droits se rapportent au présent ou à l'avenir, sans exception aucune, l'Italie paiera en or à l'Autriche-Hongrie la somme de 200 millions de lire italiennes.

1. Dans le texte italien.

ARTICLE X.

L'Italie s'engage à observer une complète neutralité, durant toute la présente guerre, envers l'Autriche-Hongrie et l'Allemagne.

ARTICLE XI.

Pour la durée entière de la présente guerre, l'Italie renonce à tout droit d'invoquer ultérieurement en sa faveur les dispositions de l'article VII du Traité de la Triple-Alliance ; et l'Autriche-Hongrie fait la même renonciation en ce qui concerne le fait de l'occupation par l'Italie des Iles du Dodécanèse.

SONNINO.

N° 65.

L'Ambassadeur du Roi, à Vienne,
au Ministre des Affaires Étrangères.

(*Télégramme.*) Vienne, le 10 avril 1915.
Reçu le 11.

J'ai communiqué au Baron Burian les propositions de Votre Excellence contenues dans les onze articles et, développant plus en détail les raisons appuyant ces propositions, je lui ai fait remarquer qu'en les formulant Votre Excellence avait tenu le plus grand compte des différentes observations qui lui avaient été faites auparavant au sujet de la situation de la Monarchie austro-hongroise. Je lui ai ensuite exprimé l'espoir qu'il me ferait tenir le plus vite possible à ce sujet une réponse que je souhaitais affirmative. Sur sa demande, je lui ai remis alors, par écrit et en français, le texte des susdits articles.

Le Baron Burian, après m'avoir écouté attentivement, s'est borné à me promettre d'examiner avec le plus grand soin les propositions de Votre Excellence et de me faire connaître sa réponse dans le plus bref délai possible.

AVARNA.

N° 66.

Le Ministre du Roi, à Nisch,
au Ministre des Affaires Étrangères.

(*Télégramme.*) Nisch, le 10 avril 1915.
Reçu le 10.

Selon des informations confidentielles serait possible une paix séparée entre l'Autriche-Hongrie et la Russie.

SQUITTI.

N° 67.

Le Ministre des Affaires Étrangères,
à l'Ambassadeur du Roi, à Vienne.

(*Télégramme.*) Rome, le 13 avril 1915.

Il est très urgent que Votre Excellence sollicite une prompte réponse à nos demandes.

SONNINO.

N° 68.

Le Ministre du Roi, à Sofia,
au Ministre des Affaires Étrangères.

(*Télégramme.*) Sofia, le 13 avril 1915.
Reçu le 14.

Il circule des bruits de la possibilité d'une paix séparée austro-russe.

Dans les cercles politiques de Vienne, on parle d'une paix de l'Autriche-Hongrie avec la Russie pour avoir éventuellement les mains libres contre l'Italie.

CUCCHI.

N° 69.

L'Ambassadeur du Roi, à Vienne,
au Ministre des Affaires Étrangères.

(*Télégramme.*) Vienne, le 14 avril 1915.
Reçu le 14.

J'ai eu aujourd'hui une entrevue avec le Baron Burian et j'ai sollicité à nos demandes une réponse que nous jugeons très urgente.

Le Baron Burian m'a dit qu'il espérait me donner une réponse vendredi soir.

AVARNA.

N° 70.

L'Ambassadeur du Roi, à Berlin,
au Ministre des Affaires Étrangères.

(*Télégramme.*) Berlin, le 15 avril 1915.
Reçu le 16.

Les bruits d'un acheminement vers une paix séparée de l'Allemagne et de l'Autriche-Hongrie avec la Russie se maintiennent avec insistance et gagnent sans cesse du terrain.

BOLLATI.

N° 71.

L'Ambassadeur du Roi, à Vienne,
au Ministre des Affaires Etrangères.

(*Télégramme.*) Vienne, le 16 avril 1915.
Reçu le 17.

Le Baron Burian m'a prié de passer au Ballplatz pour me communiquer sa réponse aux propositions de Votre Excellence. Il a commencé par me dire que les propositions du Gouvernement Royal avaient été soumises à un examen attentif de la part du Gouvernement Impérial et Royal, qui avait dû constater, à son grand regret, que pour des raisons politiques, ethnographiques, stratégiques et économiques qu'il était superflu de développer une grande partie de ces propositions; notamment celles formulées aux articles II, III et IV étaient inacceptables. L'ensemble de ces propositions, en effet, créerait au Gouvernement Impérial et Royal une situation incompatible avec ses intérêts capitaux et ne semblait guère de nature à hâter la réalisation du but que le Gouvernement Royal a toujours déclaré viser, c'est-à-dire de consolider les rapports réciproques entre l'Autriche et l'Italie, et de les baser sur une entière bonne foi, d'éliminer toute cause de heurts et de rendre possible une collaboration dans des questions de politique générale. Dans cet ordre d'idées, le Baron Burian a fait remarquer qu'une rectification de frontière vers l'Isonzo aurait rendu difficile la défense militaire de cette frontière de la Monarchie et aurait trop rapproché de la ville de Trieste les confins de l'Italie. De plus, l'Autriche-Hongrie, en abandonnant cette ville, se serait privée de son plus important débouché maritime et aurait mis au pouvoir de l'Italie la principale voie de communication entre ce port et l'Allemagne. Enfin, la cession de l'archipel de Curzola, commandant la Dalmatie, aurait rendu l'Italie maîtresse de ces régions, et la mer Adriatique serait devenue une mer italienne, au cas où l'Italie aurait conservé Valona en sa possession. Le Baron Burian a ajouté que, de son côté, s'inspirant sincèrement des considérations déjà exposées, sur lesquelles il croyait devoir insister et que Votre Excellence avait également fait valoir, et voulant témoigner à l'Italie, jusqu'à l'extrême limite du possible, son désir d'arriver à une entente définitive et durable, le Gouvernement Impérial et Royal était disposé à étendre la cession territoriale dans le Tirol méridional consentie dans la communication qu'il m'avait faite le 1er courant.

D'après cette nouvelle proposition, la future ligne de frontière se séparerait de la frontière actuelle près de la Zufallspitze et suivrait sur une partie de son parcours la frontière entre le district de Cles d'une part et les districts de Schlanders et de Meran de l'autre, c'est-à-dire la ligne de partage des eaux entre le Noce et l'Adige jusqu'à l'Illmenspitze. La ligne de frontière passerait à l'ouest de Proveis, commune qui continuerait à faire partie du Tirol, irait jusqu'au torrent Pescara et suivrait le Thalweg de ce dernier jusqu'à sa jonction avec le Noce dont la frontière septentrionale se détacherait au district de Mezzolombardo et rejoindrait l'Adige au sud de Salorno. Elle monterait le Geiersberg, suivrait la ligne de partage des eaux au delà de la Vallée de l'Avisio par le Castiore et se dirigerait vers l'Hornspitze et le Mont Comp.

Elle tournerait ensuite au Sud, décrirait un demi-cercle, laissant au Tirol la commune d'Altrei, et remonterait ensuite à la colline de San Lugano. Elle suivrait la frontière entre les districts de Bolzano (Bolzen) et de Cavalese, c'est-à-dire la ligne de partage des eaux entre les vallées de l'Avisio et de l'Adige, et passerait par la sommité de Rocca et le Grimmjoch jusqu'à Latemar. De la colline Carnon elle descendrait vers l'Avisio, couperait ce fleuve entre les communes de Moena et de Forno et remonterait vers la ligne de partage des eaux entre les vallées de San Pellegrino au Nord et de Travignolo au Sud. Elle rejoindrait la frontière actuelle à l'est de la sommité de Bocche.

En conséquence, le Gouvernement Impérial et Royal ne saurait accepter la ligne de frontière indiquée à l'article I des propositions de Votre Excellence.

Quant à la proposition contenue à l'article V, aux termes de laquelle les territoires cédés par l'Autriche-Hongrie seraient remis immédiatement à l'Italie, le Baron Burian a observé que les mesures nécessitées par cette proposition seraient, pour des raisons d'administration générale et autres, d'une exécution technique impossible en temps de paix déjà, et à plus forte raison en temps de guerre. Et à ce propos il a ajouté que, sans vouloir citer d'autres exemples historiques, il se bornait à rappeler le procédé adopté à l'occasion de la cession de Nice et de la Savoie à la France en 1860, où, même après la conclusion de la paix, quelques mois s'étaient écoulés entre la conclusion de la convention respective et le transfert effectif des territoires cédés.

J'ai cru devoir faire remarquer au Baron Burian que le précédent de Nice et de la Savoie n'était pas comparable au cas actuel.

Mais le Baron Burian m'ayant répondu qu'il ne pouvait se mettre d'accord avec moi sur cette question, a déclaré ensuite que le Gouvernement Impérial et Royal ne voyait aucune objection à l'acceptation de la proposition contenue à l'article VIII, relatif à l'amnistie à accorder aux ressortissants des territoires cédés à l'Italie, condamnés et poursuivis pour des raisons militaires et politiques.

Passant ensuite à la question de l'Albanie en général et à celle de Valona en particulier, le Baron Burian m'a déclaré qu'il était impossible au Gouvernement Impérial et Royal de ne pas faire remarquer que la proposition formulée par le Gouvernement Royal aux articles VI et VII était difficilement conciliable avec les engagements pris par le Gouvernement Royal à quatre reprises, à savoir : l'accord austro-hongrois-italien de 1900 et de 1901, les décisions de la Conférence de Londres, la déclaration du 4 août de l'année passée de rester fidèle aux engagements pris envers l'Autriche-Hongrie ainsi qu'aux décisions de la Conférence de Londres et de ne pas vouloir tirer aucun profit en Albanie du fait que l'Autriche-Hongrie se trouvait engagée dans une guerre, et de ses déclarations formelles à l'occasion de l'occupation de Valona par l'Italie.

D'autre part, le Gouvernement Impérial et Royal, convaincu de son côté des nécessités de maintenir les droits et les obligations réciproques découlant des accords en vigueur et de persévérer dans l'attitude constamment observée par lui dans la question albanaise, ne pourrait se désintéresser de l'Albanie, région si voisine de la sphère de ses intérêts « les plus sensibles », à la création de laquelle il a contribué de concert avec l'Italie non seulement politiquement mais encore au prix de très notables sacrifices d'ordre militaire (mobilisation partielle de 1913), économique et financier. D'ailleurs, en suite des décisions de Londres, la question albanaise est devenue une question européenne; ainsi ni une seule ni plusieurs grandes Puissances ne pourraient disposer de l'Albanie isolément ou par accord la concernant, son existence et sa neutralité ayant été placée sous la garantie de l'Europe.

Ce n'est donc que par la volonté concertée des Puissances — éventualité irréalisable durant la guerre — que la situation politique de l'Albanie pourrait être modifiée.

Malgré cela, le Gouvernement Impérial et Royal, fidèle à l'esprit de l'accord austro-hongrois-italien relatif à l'Albanie, et considérant la question albanaise comme un des problèmes de politique générale sur lesquels pourrait éventuellement continuer à s'exercer dans l'avenir la collaboration de l'Autriche-Hongrie et de l'Italie, se déclare toujours disposé à discuter avec le Gouvernement du Roi les intérêts réciproques en Albanie sur la base de la situation présente ou bien de soumettre à une revision les communs accords, au cas où les changements politiques futurs en feraient apparaître la nécessité pour l'une ou l'autre des deux parties.

Passant ensuite à l'examen des engagements à prendre par l'Italie, le Baron Burian m'a fait savoir que le Gouvernement Impérial et Royal tenait à appeler l'attention sur ce point que, la Turquie s'étant unie à l'Autriche-Hongrie et à l'Allemagne par le fait de sa participation à la guerre, la neutralité, à l'observation de laquelle l'Italie s'engagerait jusqu'à la fin de la guerre, devrait s'étendre également à l'Empire Ottoman.

Quant à l'article XI, le Baron Burian m'a déclaré que le Gouvernement Impérial et Royal accepterait les propositions y formulées, à condition d'insérer dans cet article après les mots « présente guerre » la phrase: « relativement aussi aux avantages territoriaux ou autres résultant pour l'Autriche-Hongrie du traité de paix qui terminera la guerre actuelle. »

Et il a ajouté que la renonciation de la part du Gouvernement Impérial et Royal à une compensation pour l'occupation par l'Italie des îles du Dodécanèse serait subordonnée également à cette condition.

Pour ce qui concerne enfin l'article IX, le Baron Burian m'a fait savoir que, sans être encore à même de préciser la quote-part de la Dette publique revenant aux territoires à céder à l'Italie, ni la somme globale que l'Autriche-Hongrie aura à réclamer à titre d'indemnité pour les dépenses faites par l'État dans le territoire en question, le Gouvernement Impérial et Royal devait néanmoins déclarer dès à présent que le chiffre proposé par le Gouvernement Royal serait tout à fait insuffisant et ne représenterait pas même approximativement une indemnité équitable. Et il a ajouté que, pour me citer qu'un point, il devait constater que la valeur seule des édifices militaires se trouvant sur le territoire à céder à l'Italie eut notablement supérieure à la somme totale proposée par le Gouvernement Royal. Mais ne voulant pas compliquer la conclusion de l'accord par des contestations d'ordre financier, le Gouvernement Impérial et Royal se déclarait prêt à soumettre la question de l'indemnité pécuniaire, en cas de désaccord avec le Gouvernement Royal, au Tribunal d'Arbitrage de la Haye.

Me remettant ensuite un aide-mémoire sur ce qu'il venait de m'exposer, le Baron Burian a terminé en m'exprimant l'espérance de voir Votre Excellence apprécier le sentiment qui avait poussé le Gouvernement Impérial et Royal à faire en faveur de l'Italie ce nouveau sacrifice.

J'ai répondu au Baron Burian que je m'empresserais de télégraphier à Votre Excellence ce qu'il m'avait dit en réponse aux propositions par elle formulées.

AVARNA.

N° 72.

Le Ministre des Affaires Étrangères,
à l'Ambassadeur du Roi, à Vienne.

(*Télégramme.*) Rome, le 21 avril 1915.

J'ai examiné les réponses données à Votre Excellence par le Baron Burian relatives aux cessions que l'Autriche-Hongrie serait disposée à faire, et je dois déclarer, à mon regret, qu'elles ne me semblent pas constituer une base suffisante pour un accord destiné à créer entre les deux États cette situation stable et normale à laquelle nous aspirons d'un commun accord.

Sur un seul point, celui relatif au Trentin, le Gouvernement Impérial et Royal s'est montré disposé à de plus larges concessions par rapport à sa première proposition ; mais même ainsi on n'arrive pas à remédier aux inconvénients majeurs de la situation actuelle, tant au point de vue linguistique et ethnologique qu'au point de vue militaire.

A toutes nos autres revendications, le Baron Burian répond par un refus pur et simple, sans faire le moindre cas de nos raisons.

En ce qui concerne l'Albanie et Valona, la raison alléguée par le Baron Burian pour justifier son refus est l'existence de diverses conventions entre l'Autriche et l'Italie, outre celle d'un accord européen à ce sujet. Nous demandions précisément que les conventions antérieures avec l'Autriche-Hongrie fussent modifiées d'un commun accord, le Gouvernement Impérial et Royal devant se désintéresser complètement de nos conventions à ce sujet avec l'Europe, comme de notre côté nous nous désintéresserions (voir article XI proposé) des arrangements concernant les Balkans, que l'Autriche-Hongrie pourrait conclure à la fin de la guerre.

En ce qui concerne l'article XI, la renonciation à l'invocation des dispositions de l'article VII devait déjà, à mon sens, se rapporter non seulement à la guerre, mais aussi aux avantages résultant du Traité de paix pour l'une ou l'autre partie, respectivement dans les Balkans et dans le Dodécanèse.

Quant à l'article IX, j'admets qu'on puisse encore discuter sur l'évaluation de la somme représentant la quote-part à assumer dans la Dette publique de l'Empire ; mais nous ne pourrons prendre en considération la valeur des dépenses qui auraient été faites par l'État dans les territoires cédés et cela pour les raisons exposées déjà dans mon télégramme du 8 avril[1].

Où le désaccord paraît irréductible, c'est en ce qui concerne l'article V envisageant la date d'exécution de l'accord éventuel, auquel on arriverait. Ici encore je ne puis que m'en rapporter aux raisons déjà exposées, suivant lesquelles aucun Gouvernement italien ne pourrait se porter garant de l'exécution intégrale d'un engagement dont l'équivalent ne serait rendu effectif qu'à la fin de la guerre.

SONNINO.

N° 73.

L'Ambassadeur du Roi, à Vienne,
au Ministre des Affaires Étrangères.

(*Télégramme.*) Vienne, le 21 avril 1915.
Reçu le 22.

Je me suis entretenu avec le Baron Burian dans le sens du télégramme de Votre Excellence, lui faisant savoir que les réponses faites par lui dans notre entretien de vendredi dernier relatives aux cessions que l'Autriche-Hongrie serait disposée à faire, ne semblaient pas à Votre Excellence constituer une base appropriée pour un accord auquel nous aspirons également; je lui ai ensuite communiqué les différentes observations émises par Votre Excellence au sujet de cette réponse.

Le Baron Burian m'a dit qu'il prenait note de ma communication; mais, désirant examiner attentivement les observations de Votre Excellence, il s'est réservé de me faire tenir sa réponse à celles-ci dans le plus bref délai possible

AVARNA.

1. Voir Document 64.

N° 74.

L'Ambassadeur du Roi, à Vienne,
au Ministre des Affaires Étrangères.

(*Télégramme.*) Vienne, le 25 avril 1915.
Reçu le 25.

Bien que je me sois toujours efforcé, dans mes divers entretiens avec le Baron Burian, de le convaincre de la nécessité de ne pas tarder à donner satisfaction à nos aspirations nationales en consentant aux propositions de Votre Excellence, et que je lui aie représenté les graves conséquences que pourrait entraîner un refus de sa part, il a persisté jusqu'à présent à se maintenir, comme Votre Excellence aura pu le constater, dans de stériles discussions, et ne semble pas se rendre un compte exact du véritable état de choses chez nous. Mais ce qui ne peut pas ne pas surprendre particulièrement, c'est l'illusion que le Baron Burian semble toujours garder que le Gouvernement Royal puisse finir par se convaincre de la grandeur du sacrifice fait par le Gouvernement Impérial et Royal en allant jusqu'à céder les territoires indiqués dans le Tirol méridional et de l'impossibilité où il se trouverait de faire de nouvelles concessions.

D'autre part, le Baron Burian, comme il me l'a laissé entendre à plusieurs reprises, ne peut encore se faire à l'idée que le Gouvernement Royal pourrait se trouver dans l'éventualité, au cas où ses demandes ne seraient pas acceptées intégralement, d'entrer en guerre avec l'Autriche-Hongrie et l'Allemagne.

Il ne serait pas impossible qu'à la suite des nouvelles et plus pressantes sollicitations qui sont à prévoir de la part du Gouvernement allemand, le Baron Burian puisse être amené à étendre en partie ses cessions territoriales dans le Tirol méridional et faire quelques concessions du côté de notre frontière orientale.

Mais en admettant même que le Baron Burian soit amené à faire des concessions et à les étendre aux limites mêmes tracées par le Gouvernement Royal, il resterait encore à résoudre les autres questions importantes, à savoir celles de l'érection de Trieste en État autonome, de la cession de l'archipel de Curzola et du désintéressement de la Monarchie en Albanie, questions sur lesquelles, à en juger par les dispositions dont m'a paru témoigner le Baron Burian à ce sujet, il est douteux que le Gouvernement Impérial et Royal puisse céder.

Si plus tard, par suite de circonstances imprévues, le Gouvernement Impérial et Royal finissait par céder au dernier moment sur ces points aussi, comme cela est déjà arrivé pour des questions de principe, chose d'ailleurs peu probable, il resterait toujours à résoudre la grave question de l'exécution immédiate de l'accord.

Sur cette question, considérée par nous comme une condition *sine qua non* de cet accord, il faut regarder comme extrêmement difficile, — Votre Excellence l'affirme elle-même — d'aplanir les dissentiments existant à ce sujet entre le Gouvernement Impérial et

Royal, après l'opposition catégorique du Baron Burian à cette demande.

Ainsi un accord avec l'Autriche-Hongrie sur la base des propositions formulées par Votre Excellence semble presque irréalisable dans l'état actuel des choses.

AVARNA.

N° 75.

L'Ambassadeur du Roi, à Vienne,
au Ministre des Affaires Étrangères.

(*Télégramme.*) Vienne, le 29 avril 1915.
Reçu le 30.

Comme je m'étais rendu aujourd'hui au Ballplatz, sur la demande du Baron Burian, il m'a dit m'avoir prié de venir le voir pour me faire connaître son opinion touchant les observations faites par Votre Excellence sur les réponses données par lui aux propositions formulées par le Gouvernement Royal, et que je lui avais communiquées dans l'entretien du 21 courant.

Relevant les paroles de Votre Excellence, que ces réponses ne lui semblaient pas constituer dans leur ensemble une base propre à assurer la bonne entente et l'harmonie durable que les deux Gouvernements avaient en vue, le Baron Burian m'a déclaré qu'il tenait à constater que le sincère désir, manifesté par lui à plusieurs reprises, d'aboutir à un accord définitif avec l'Italie, avait rencontré de sérieuses difficultés dans le fait que certaines des susdites propositions touchaient aux intérêts vitaux de l'Autriche-Hongrie. Or, l'abandon de ces intérêts créerait pour la Monarchie, à l'égard non seulement de l'Italie mais encore des autres Puissances, une situation propre à réduire naturellement son rôle dans la collaboration politique envisagée par Votre Excellence.

Abordant ensuite, en premier lieu, la question de Trieste, il a fait observer qu'en vertu de la Constitution austro-hongroise cette ville jouissait d'une large autonomie. Elle formait un territoire à part et son Conseil Communal était investi des attributions des diètes provinciales. L'élément italien était largement représenté dans l'Administration autonome de la ville. Son importance numérique, sa haute culture et sa situation économique, lui assuraient, en dehors des garanties constitutionnelles, une existence satisfaisante à tous les points de vue. En détachant Trieste et ses alentours de la Monarchie austro-hongroise et en en faisant un État séparé, on porterait un coup mortel à la prospérité économique de cette ville qui, privée de son *hinterland*, perdrait toute son importance; et à cette perspective il n'y aurait rien de changé même en cas d'annexion de la ville à l'Italie, dont elle ne serait qu'un port superflu de la périphérie.

Trieste avait toujours été l'objet d'une sollicitude particulière de la part du Gouvernement Impérial et Royal qui, dans l'intérêt bien entendu de l'État, continuera encore à l'avenir à favoriser son progrès matériel et intellectuel, conformément aux vœux de la population, dont la prospérité se rattachait étroitement au lien l'unissant à l'Autriche-Hongrie, laquelle, tout en exigeant la fidélité de ses citoyens, n'avait jamais rien fait pour porter atteinte à leur caractère national.

Je n'ai pu m'empêcher de faire remarquer au Baron Burian, à titre d'opinion personnelle, que chez nous on ne pourrait certes aucunement admettre son affirmation que le Gouvernement Impérial et Royal n'avait rien fait pour porter atteinte au caractère national de la population de Trieste. Je lui ai rappelé à ce propos la question toujours pendante de l'Université italienne à Trieste, question qui avait donné lieu à de fréquentes et interminables discussions et à des pourparlers confidentiels entre les deux Gouvernements et avait provoqué à plusieurs reprises de vives agitations en Italie; je lui ai rappelé également le traitement de faveur dont avaient bénéficié les écoles slovènes au détriment de la culture nationale italienne dans cette ville.

Mais le Baron Burian, poursuivant, a abordé la proposition relative à la cession à l'Italie de l'archipel de Curzola et a fait observer que celle-ci se heurtait également à des difficultés insurmontables. Abstraction faite de la nationalité purement slave de la population de ces îles, celles-ci appartenant à l'Italie représenteraient une position stratégique qui dominerait d'un côté la partie supérieure de l'Adriatique, auquel cas il ne pourrait plus être question d'équilibre pour l'Autriche-Hongrie, et menacerait d'autre part même la possession des côtes adjacentes.

Quant à la cession de territoires proposée dans le Frioul autrichien, le Baron Burian a fait remarquer qu'elle priverait l'Autriche d'une frontière indispensable pour la défense, non seulement d'une partie de son littoral, mais encore de plusieurs de ses provinces centrales, et qu'elle rapprocherait en outre la frontière italienne du principal port autrichien. L'élément italien n'était d'ailleurs représenté que faiblement, du moins dans une grande partie du territoire en question, peuplé de Slaves.

Parlant enfin du Tirol, le Baron Burian m'a fait reconnaître que si, d'après la future délimitation telle qu'elle était fixée dans la dernière proposition austro-hongroise, une partie de la vallée du Noce ainsi que les vallées de Fassa et d'Ampezzo étaient exclues des territoires à céder, la cause qui avait prévalu dans cet arrangement n'était certainement pas l'intention de conserver quelque région de langue italienne.

Ce n'était surtout pas le cas pour les vallées de Fassa et d'Ampezzo dont la population était ladine (Grisons) et tenant de toutes les fibres de son âme à rester unie à l'Autriche-Hongrie, gravitait par tous ses intérêts essentiels vers le Nord.

Des raisons stratégiques impérieuses créaient la nécessité, pour l'Autriche-Hongrie, de conserver la partie orientale de la vallée du Noce, car sans les hauteurs qui la protègent la région de Bolzano (Bolzen) serait trop exposée. Et il a ajouté que dans l'hypothèse où pour une ou pour l'autre des localités susdites, des raisons plus ou moins analogues s'opposeraient de notre côté à son point de vue, il convenait de ne pas oublier qu'il s'agissait, pour l'Autriche-Hongrie, d'une cession amicale d'une partie de ses possessions séculaires et que, les raisons de celui qui, comme dans le cas présent, abandonne des frontières sûres, devaient, comme il est juste, prévaloir sur les raisons de celui qui reçoit.

Venant ensuite à parler de la demande concernant l'exécution immédiate des cessions territoriales, le Baron Burian m'a dit ne pas abandonner l'espoir que Votre Excellence, après avoir soumis la question à un examen approfondi, reconnaîtrait l'impossibilité matérielle d'une telle mesure.

Le secret absolu des négociations empêchait jusqu'à la conclusion de l'accord tous les préparatifs militaires, administratifs et autres qui devraient précéder le transfert du territoire à céder.

Or, toutes ces mesures préparatoires demandaient un certain temps et ne pouvaient être improvisées au dernier moment.

Et cela sans parler de la situation qui résulterait pour l'Autriche-Hongrie de la prise de possession du territoire en question par l'Italie à un moment où la Monarchie austro-hongroise se trouvait engagée dans une vaste guerre et où par conséquent la plus grande partie de son territoire était dégarnie de moyens de défense, son armée se trouvant concentrée sur les divers théâtres de la guerre.

Afin de faciliter cependant, dans la mesure du possible, la situation du Gouvernement Royal, à un moment déterminé, à l'égard du Parlement et de l'opinion publique, on pourrait envisager des mesures propres à témoigner, aux yeux de tous, de la volonté réelle et sincère d'exécuter fidèlement les engagements pris. Dans ce but on pourrait procéder, dès la conclusion de l'accord, à la réunion d'une commission mixte, à laquelle incomberait le règlement des multiples questions de détail résultant de la cession de territoires. L'institution et le fonctionnement de cette Commission ne laisserait pas subsister l'ombre d'un doute sur l'exécution intégrale et définitive de cette cession. Le Baron Burian a ajouté que, si Votre Excellence voulait de son côté proposer d'autres mesures tendant au même but, il ne manquerait pas de les examiner avec les meilleures dispositions et de les accueillir dans la mesure du possible.

J'ai dit au Baron Burian que malgré ses bonnes dispositions je devais lui rappeler les déclarations que je lui avais faites à ce sujet dans nos précédents entretiens, à savoir que l'exécution immédiate de l'accord était une condition *sine qua non* de l'accord même; je ne pouvais donc que m'en référer aux raisons déjà exposées, c'est-à-dire qu'aucun Gouvernement italien ne pourrait se porter garant de l'exécution intégrale de tous les engagements pris dont l'équivalent ne serait rendu effectif qu'à la fin de la guerre.

Passant ensuite aux propositions de Votre Excellence contenues dans l'article IX, le Baron Burian m'a dit que, bien qu'il fût très facile de démontrer péremptoirement la disproportion entre la somme offerte par le Gouvernement Royal à titre de quote-part de la Dette publique et d'indemnité et les valeurs publiques cédées à l'Italie, il partageait l'opinion exprimée par Votre Excellence que cette question ne devrait pas mettre obstacle à l'entente, alors qu'elle serait faite sur tous les autres points de l'accord projeté. C'était précisément, en s'inspirant d'idées de cet ordre, et pour donner une nouvelle preuve de son désir d'entourer la cession territoriale de garanties extérieures rassurantes, qu'il proposait de soumettre au moment opportun le différend financier à un Arbitre International, c'est-à-dire au Tribunal de la Haye.

Pour ce qui concernait la question albanaise, le Baron Burian m'a assuré à nouveau qu'il était tout disposé à discuter avec Votre Excellence les intérêts réciproques en Albanie, en tenant compte du changement des circonstances apporté par la guerre actuelle, pour arriver là-dessus avec le Gouvernement Royal à une entente, qui pourrait, les choses étant replacées sur le terrain européen, comporter aussi le désintéressement de l'Autriche-Hongrie, à condition que l'Italie se désintéressât également de l'Albanie, à l'exception de Valona et de la sphère d'intérêts dont cette ville formait le centre, et qu'on établît des garanties suffisantes contre des entreprises et contre l'installation d'autres Puissances en Albanie, éventualité tout aussi dangereuse pour les intérêts politiques et maritimes de l'Autriche-Hongrie que pour ceux de l'Italie.

J'ai dit au Baron Burian que je m'empresserais de faire connaître à Votre Excellence les observations faites par lui au sujet de ses propositions; mais je croyais, pour ma part, devoir lui faire remarquer que, en dehors de quelques modifications suggérées par lui pour certaines d'entre elles, il persistait à se prononcer négativement sur celles en particulier formulées aux articles I, II, III, IV et V.

Avarna.

N° 76.

Le Ministre des Affaires Étrangères,
à l'Ambassadeur du Roi, à Vienne.

(*Télégramme.*) Rome, le 3 mai 1915.

Je prie Votre Excellence de faire au Ministre des Affaires Étrangères d'Autriche-Hongrie la communication suivante, dont elle lui laissera copie[1] :

« L'Alliance entre l'Italie et l'Autriche-Hongrie s'affirma, dès son origine, comme un élément et une garantie de paix et visa, d'abord, au but principal de la défense commune. En présence des événements ultérieurs et de la situation nouvelle qui en résultait, les Gouvernements des deux Pays durent se proposer un autre but non moins essentiel, et, au cours des renouvellements successifs du Traité, s'appliquèrent à sauvegarder la continuité de leur alliance, en stipulant le principe des accords préalables relativement aux Balkans, en vue de concilier les intérêts et les tendances divergentes des deux Puissances.

1. La communication est en français dans le texte.

« Il est de toute évidence que ces stipulations, loyalement observées, auraient suffi à fournir une base solide pour une action commune et féconde. Par contre, l'Autriche-Hongrie, dans l'été 1914, sans prendre aucun accord avec l'Italie, sans même lui faire parvenir le moindre avertissement, et ne faisant aucun cas des conseils de modération qui lui étaient adressés par le Gouvernement Royal, notifia à la Serbie l'*ultimatum* du 23 juillet qui fut la cause et le point de départ de la présente conflagration européenne.

« L'Autriche-Hongrie, en négligeant les obligations découlant du Traité, troublait profondément le *statu quo* balkanique et créait une situation dont elle seule était appelée à profiter, au détriment des intérêts, de la plus grande importance, que son alliée avait tant de fois affirmés et proclamés.

« Une violation aussi flagrante de la lettre et de l'esprit du Traité non seulement justifia le refus de l'Italie de se ranger du côté des alliés dans une guerre provoquée sans son avis, mais enleva du même coup à l'Alliance son contenu essentiel et sa raison d'être.

« Le pacte même de la neutralité bienveillante prévue par le Traité se trouvait compromis par cette violation. La raison et le sentiment s'accordent en effet à exclure que la neutralité bienveillante puisse être maintenue lorsqu'un des alliés prend les armes pour la réalisation d'un programme diamétralement opposé aux intérêts vitaux de l'autre allié, intérêts dont la sauvegarde constituait la raison principale de l'Alliance même.

« Ce nonobstant, l'Italie s'est efforcée, pendant plusieurs mois, de créer une situation favorable au rétablissement entre les deux États de ces rapports amicaux qui constituent le fondement essentiel de toute coopération dans le domaine de la politique générale.

« Dans ce but et dans cet espoir, le Gouvernement Royal se déclara disposé à se prêter à un arrangement ayant pour base la satisfaction, dans une mesure équitable, des légitimes aspirations nationales de l'Italie et qui aurait servi en même temps à réduire la disparité existante dans la situation réciproque des deux États dans l'Adriatique.

« Ces négociations n'aboutirent toutefois à aucun résultat appréciable.

« Tous les efforts du Gouvernement Royal se heurtèrent à la résistance du Gouvernement Impérial et Royal lequel, après plusieurs mois, s'est seulement décidé à admettre des intérêts spéciaux de l'Italie à Valona et à promettre une concession non suffisante de territoires dans le Trentin, concession qui ne comporte aucunement le règlement normal de la situation, ni au point de vue ethnique, ni au point de vue politique ou militaire.

« Cette concession, en outre, ne devait avoir son exécution qu'à une époque indéterminée, c'est-à-dire seulement à la fin de la guerre.

« En cet état de choses, le Gouvernement italien doit renoncer à l'espoir de parvenir à un accord et se voit contraint de retirer toutes ses propositions d'arrangement.

« Il est également inutile de maintenir à l'Alliance une apparence formelle, qui ne serait destinée qu'à dissimuler la réalité d'une méfiance continuelle et de contrastes quotidiens.

« C'est pourquoi l'Italie, confiante dans son bon droit, affirme et proclame qu'elle reprend dès ce moment son entière liberté d'action, et déclare annulé et désormais sans effets son Traité d'Alliance avec l'Autriche-Hongrie. »

SONNINO.

N° 77.

L'Ambassadeur du Roi, à Vienne,
au Ministre des Affaires Étrangères.

(*Télégramme.*) Vienne, le 4 mai 1915.

J'ai fait aujourd'hui au Baron Burian la communication prescrite par Votre Excellence.

AVARNA.

76784. — Imprimerie LAHURE, rue de Fleurus, 9, à Paris

www.ingramcontent.com/pod-product-compliance
Lightning Source LLC
LaVergne TN
LVHW020408230826
846091LV00004B/1197

* 9 7 8 2 0 1 3 4 1 3 4 5 9 *